FISCHER

JONAS WUTTKE

IM BETT
MIT DER WELT

FISCHER

Aus Verantwortung für die Umwelt hat sich der Fischer Kinder- und Jugendbuch Verlag zu einer nachhaltigen Buchproduktion verpflichtet. Der bewusste Umgang mit unseren Ressourcen, der Schutz unseres Klimas und der Natur gehören zu unseren obersten Unternehmenszielen. Gemeinsam mit unseren Partnern und Lieferanten setzen wir uns für eine klimaneutrale Buchproduktion ein, die den Erwerb von Klimazertifikaten zur Kompensation des CO_2-Ausstoßes einschließt. Weitere Informationen finden Sie unter: www.klimaneutralerverlag.de

FSC www.fsc.org MIX Papier aus verantwortungsvollen Quellen FSC® C083411

Originalausgabe
Erschienen bei FISCHER New Media
Frankfurt am Main, April 2021

Redaktion: Waltraud Grill
Lektorat: Franziska Jaekel

Das Werk wurde vermittelt von Studio71.

Satz: Dörlemann Satz, Lemförde
Druck und Bindung: CPI books GmbH, Leck
Printed in Germany
ISBN 978-3-7335-5012-7

Weil wir lieben.

Vorwort

Ich bekomme nicht viele Hate-Kommentare, aber das folgende Zitat, mit dem auch dieser Roman beginnen wird und das mich wesentlich zu dieser Geschichte inspiriert hat, ist ein echter Kommentar, der unter ein YouTube-Video von mir geschrieben wurde – ein Q&A-Video, das ich mit einer Freundin zusammen gedreht habe: »ICH WILL, DASS DU IHN IN DEN MUND NIMMST! ICH GUCK' IMMER AUF DEN ARSCH ODER DIE TITTEN. BIST SO GEIL. ICH VERGEWALTIGE DICH SO WEG, ALTER.«

Vor der Arbeit an dieser Story habe ich keine Statistiken erstellt oder Studien untersucht, wie oft Formulierungen dieser Art im Netz veröffentlicht werden. Auch darüber, wie viele Nudes und Dickpics Influencer*innen jeden Tag per DM bekommen, habe ich keine genauen Zahlen. Auch nicht darüber, wie viele Pornos generell jeder Jugendliche jeden Tag schaut oder wie oft privat ein Nacktfoto verschickt wird …

Aber ich habe viele Freunde und Freundinnen, die zum Teil genau wie ich als Influencer tätig sind, und wenn ich ihren Erzählungen vertraue – und ich vertraue meinen Freunden –, dann kommt so etwas viel häufiger vor, als vielleicht der eine oder andere zunächst denkt.

Zum Teil beruht dieses Buch also auf meinen eigenen Beobachtungen und Erzählungen von Bekannten, aber es ist keine Biografie. Es ist ein Roman, die Geschichte der Beziehung zweier fiktiver Figuren: Vince und Jessica – und genauso möchte ich dieses Buch auch verstanden und interpretiert wissen.

Warum habe ich mir aber eine Geschichte über Pornokonsum, erotische Livestreams und Cybermobbing ausgedacht?

Wenn wir ganz ehrlich sind, schaut sich so gut wie jeder Pornos an, und die meisten haben bestimmt auch schon mal ein Nacktbild verschickt. Mir geht es darum, dass vieles, was in diesem Buch passiert, in dieser Form (noch) nicht wirklich besprochen wird, trotzdem aber jeden Tag in einer »Grauzone« passiert, über die niemand so richtig diskutieren will. Vielleicht sind ein paar Entwicklungen in dieser Story auch noch nicht Realität, sondern ein bisschen weitergedacht. Und klar, mittlerweile wird eigentlich schon fast überall unfassbar offen über Sex gesprochen. Gleichzeitig gibt es aber gar nicht so viele fundierte Erkenntnisse über die Wirkung von Pornos – wie viele und welche pornographischen Inhalte Jugendliche und junge Erwachsene konsumieren und teilweise sogar selbst produzieren –, darüber, was das mit unserer Gefühlswelt anstellt, dem körperlichen Selbstbild, eigenen sexuellen Erfahrungen und natürlich mit der Liebe selbst. :D

Ich kann und will mit diesem Buch keine klaren Antworten darauf geben, wie gut oder schlecht die digitale Sexwelt ist und wie sie generell auf uns wirkt, aber ich möchte den Fokus auf diese Themen lenken, die in unserer Gesellschaft alltäglicher und gängiger sind, als wir sie wahrnehmen oder wahrnehmen wollen.

Dieses Buch liefert auch keine genaue Untersuchung über Geschlechter und Geschlechterrollen. Im besten Fall funktioniert es als Denkanstoß über Erwartungen und Geschlechterklischees, trägt ein kleines bisschen dazu bei, die Vorstellungen von Mann, Frau und Sexualität weiterzudenken.

Ich hoffe außerdem, dass sich niemand durch dieses Buch provoziert fühlt und dass vor allem Eltern nicht über das eine oder andere Kapitel stolpern, es als unangemessen oder unmöglich für Jugendliche einstufen. Ich denke, dass es nichts bringt, Themen auszublenden, die in der Onlinewelt und in unserem täglichen Leben Realität sind.

Zuletzt, bevor dann endlich die Geschichte beginnt, hier noch eine kurze Erklärung zum Aufbau dieses Romans:

Unsere Generation hat eine Aufmerksamkeitsspanne von wenigen Sekunden. Aus diesem Grund ist dieses Buch im Jump-Cut-Stil geschrieben, den wir alle von YouTube kennen. Erzählt wird auf drei rasch wechselnden Zeitebenen:

#Zeitebene 1:
Vince' Beziehung mit Jessica

#Zeitebene 2:
Vince' Auslandshalbjahr in Spanien

#Zeitebene 3:
Vince' Rückkehr nach Deutschland

Und ganz im Stil eines YouTube-Videos beginnt die Liebesgeschichte zwischen Vince und Jessica nun mit einem Cold Opener, also mit einem ersten Teaser, der zeigt, was uns im Verlauf der Story erwartet. Ich wünsche Euch ganz viel Spaß beim Lesen und freue mich über jede Rückmeldung zum Buch auf Instagram unter »jonaswuttke« oder als Kundenrezension in den Online-Shops.

Cold Opener

Vince rannte splitterfasernackt und ohne zurückzuschauen mitten auf der Straße durch den kalten Regen. Der stürmische Wind peitschte gegen seine nackte Haut. Penis und Hodensack flogen wild durch die Luft, während seine Füße bei jedem Schritt den geteerten Boden spürten und von vereinzelten kleinen Steinchen und Scherben aufgerissen wurden. Blut. Er rannte so schnell, wie er nur konnte. Das hätte niemals passieren dürfen. In diesem Moment wünschte er sich, dass sein noch halb erigiertes Glied nicht existieren würde. Dass er diesem Trieb niemals nachgegeben hätte. Was hatte er seiner Freundin nur angetan? Was zur Hölle würde jetzt passieren? *Du animalisches, unmännliches, pornogieriges Vieh!* Hier war sie. Die Eskalation, die niemals hätte eintreten dürfen. Das Ende ihres Geheimnisses, das sie um alles in der Welt hätten beschützen müssen. Von jetzt an würden sie kein Teil dieser Gesellschaft mehr sein können. Von jetzt an würden sie auf ewig Gejagte sein. Auf ewig Verachtete und Beschmutzte. Vergewaltiger und Schlampe.

Kapitel 1

Die letzte DM, die sie auf Instagram bekommen hatte, war ein Dickpic eines vierzehnjährigen Jungen. Wie immer völlig aus dem Nichts. Als billige Chateröffnung. Versehen mit der kurzen, unmöglichen Botschaft: ICH WILL, DASS DU IHN IN DEN MUND NIMMST! ICH GUCK' IMMER AUF DEN ARSCH ODER DIE TITTEN. BIST SO GEIL. ICH VERGEWALTIGE DICH SO WEG, ALTER.

Und ja, vollständig in Caps Lock geschrieben.

Das Bild des dicken, kurzen Gliedes hatte sich in Vince' Kopf eingebrannt. Jessica hatte ihm vor wenigen Wochen die Zugangsdaten zu ihrem Instagram-Konto gegeben. Scheinbar hatte sie gespürt, dass ihm dieser kleine Einblick etwas Ruhe geben würde. Dass er ein besseres Gefühl hätte, wenn er grob darüber im Bilde war, welche Nachrichten eine siebzehnjährige, einigermaßen aufstrebende, gutaussehende Influencerin mit mittlerweile dreißigtausend Followern bekam. Er hasste seine gleichgeschlechtlichen Artgenossen für die widerlichen und gleichzeitig aussichtslosen Annäherungsversuche. All diese unüberlegten Kommentare entstanden wahrscheinlich parallel zu einer unreflektierten Geilheit – oder anders gesagt –, während sich die sehr jungen Teenager einen auf seine Freundin runterholten.

Und dann gab es noch die Messages, die mit einem weißen Haken in einem blauen Kreis versehen waren. Formuliert und abgeschickt von Jungs und Männern, die von der Plattform verifiziert worden waren. Reichweitenstarke Personen des öffentlichen Lebens, deren Echtheit mit diesem Symbol bestätigt wurde.

Vince vertraute Jessica und meldete sich daher nur äußerst selten auf ihrem Account an, versuchte dabei außerdem, unauffällig zu bleiben und keine ungelesenen Nachrichten anzuklicken. Er war sich sicher, dass seine Freundin ihm zu einhundert Prozent treu war. Und dennoch wusste er, dass diese zwar immer ungelesenen, aber in fetter Schrift provokant im Postfach aufblitzenden Nachrichten von teils sehr muskulösen Männern nicht so aussichtslos waren wie die der notgeilen Achtklässler. Da war zum Beispiel die Nachrichtenanfrage eines Profifußballspielers aus der Zweiten Liga, der vermutlich jede Woche allen möglichen Influencer*innen und Models schrieb, in deren Stadt ein Spiel anstand. Um sie einzuladen. Um sie danach zu verführen. Um sie dann …

Vince schob die Gedanken beiseite. Er liebte sie, und sie liebte ihn. Und er schätzte sie ja schließlich auch für diese Social-Media-Präsenz. Für ihre Zielstrebigkeit und Konsequenz, mit der sie ihre Pläne verfolgte. Nicht, weil sie fame war und er sich etwas davon versprach. Sie war anders als die meisten Mädchen auf der Plattform. Zwar spielte sie auch mit ihren Reizen, aber die Posts wirkten nie billig. Und außerdem bestanden viele ihrer veröffentlichten Story-Slides aus nachdenklichen Worten, die sie entweder schön designt auf Fragestickern platzierte oder direkt in die Kamera sprach. Sie war ein besonderer Mensch. Und er empfand es als unfassbar wertvoll, sie seit vier Monaten fest in seinem Leben zu haben. Sie war das Mädchen, an das er jeden Morgen dachte, wenn er aufwachte, und die eine Person, die er zuletzt sehen wollte, bevor er abends einschlief.

Das Wasser in der mit einer Kalkkruste verzierten Badewanne war nur noch lauwarm, während er sich auf ihr Gesicht fokussierte. Er hatte wie so oft durch sie hindurchgeschaut, ihr Dasein analysiert und für sich bewertet. Er fragte sich, ob das verwerflich war, aber letztlich hatten diese Gedanken ihn zu einem der Gründe geführt, warum er sie liebte. Weil sie einen klaren Plan hatte, weil sie wusste, was sie tat. Das machte ihn an.

Sie füßelten seit einigen Minuten, und er genoss es, wie ihre künstlichen roten Fußnägel über seine vom Wasser etwas aufgeweichten Schenkel glitten. Das leichte Kribbeln durchströmte seinen gesamten Körper und hatte in den letzten Sekunden dafür gesorgt, dass sein Blut unaufhörlich in seinen Penis strömte. Er hielt den Blickkontakt, schaute in ihre rehbraunen Augen und auf ihre hellblond gefärbten Haare. Leise flüsternd bat er sie darum, sich auf die Kante der Badewanne zu setzen und tauchte seinen Kopf unter Wasser.

Jessica folgte seinem Vorschlag und hob ihren nassen Po auf die kalte weiße Keramikkante. Plötzlich schoss sein Kopf prustend und so unerwartet wieder aus dem Wasser heraus wie eine Haifischflosse. Er beugte sich vor und begann schmatzend, ihre Oberschenkelinnenseiten zu küssen, während er sich dabei langsam an ihre Vagina herantastete. Er streckte die Zunge heraus, suchte zielgerichtet nach ihrer Klitoris und begann, sie in rhythmischen Stößen zu lecken. Es schmeckte salzig. Als er seine Nase nun etwas nach unten bewegte, machte ihn der Geruch nur noch geiler. Er leckte weiter und ließ dabei den Mittelfinger der rechten Hand in Jessica hineingleiten. Sie stöhnte und sie lächelte. Er wusste, dass sie sich nicht mehr schämte, als sie wieder und wieder laut und unkontrolliert stöhnen musste. Ganz anders als am Anfang ihrer Beziehung, als sie beide oft aufgeregt die Luft angehalten hatten, ihre Körper verhalten angespannt oder sogar verkrampft hatten, um keine zu deutlichen Signaltöne zu senden.

Nein. Jetzt stöhnte sie geräuschvoll und selbstbewusst und schenkte ihm damit ein Gefühl von Dominanz und Kontrolle. Er wusste, was ihr gefiel.

Eine kleine Schaumwelle schwappte durch das nach Rosen duftende Badewannenmeer. Jede seiner Bewegungen war jetzt deutlich vorsichtiger, aber dennoch bestimmt.

Er zog sie zurück zu sich ins Wasser, so dass sie in seinem Schoß landete. Sein Blick versank tief in ihren Augen, er berührte ihre Lippen und küsste sie. Vielleicht weil er genau das gerade fühlte, vielleicht aber auch weil er mehr wollte. Dann tastete sich seine rechte Hand vorsichtig weiter nach hinten, streichelte über ihren Damm, stoppte dort aber nicht.

Jessica packte sein Handgelenk und umklammerte es fest. »Hör auf!«, flüsterte sie und keuchte leise.

Vince musste grinsen, während er sie weiterküsste. Da war sie wieder, diese Aufregung, die er zuletzt vor ihrem ersten gemeinsamen Sex in diesem Maße gespürt hatte. Sein gesamter Körper kribbelte nun noch heftiger. Und während er sich noch ein kleines Stück weiter nach hinten traute, löste sich ihre Hand von seiner pochenden Pulsschlagader, so dass sein Mittelfinger in ihrem Po verschwinden konnte. Vorsichtig schob er ihn vor und zurück, während Jessica ihre Brust nach vorn streckte und noch lauter zu atmen begann.

Er hielt inne, wartete auf eine Reaktion von ihr.

»Soll ich aufhören?«, fragte er mit leicht zitternder Oberlippe.

Dieses Mal reagierte sie mit einem Grinsen, das in einen leidenschaftlichen Zungenkuss überging.

»Mach weiter«, war ihre kurze, bestätigende Antwort.

Vince war sich nun ganz sicher, dass er am heutigen Tag

im Alter von siebzehn Jahren das erste Mal Analverkehr haben würde. Eine Art des Geschlechtsverkehrs, die er bisher nur aus Pornos kannte. Dort war es zwar eine Sexpraktik, die in nahezu jedem zweiten Video vorkam, doch für ihn bahnte sich genau in diesem Moment eine völlig neue Erfahrung an. Er sortierte seine Gedanken und überlegte, wo er die vor wenigen Wochen gekaufte Packung Kondome deponiert hatte. Dann fiel es ihm ein: im untersten Regalfach hinter dem blauroten Atlas, den er vor zehn Jahren von seinem Vater geschenkt bekommen hatte, als seine Eltern noch nicht getrennt gewesen waren.

Sie krallte sich mit den Händen in seine Pobacken. »Wollen wir in deinem Zimmer weitermachen?«, hauchte sie ihm ins Ohr.

Vince nickte, und sie standen beide fast zeitgleich auf. Er reichte ihr eines der schwarzen Amazon-Basics-Handtücher, die er gestern erst bestellt hatte und die ihm schon heute Morgen in einem kostenlosen Premium-Versand-Paket zugestellt worden waren. Noch ungewaschen, aber dennoch bereit für den ersten Einsatz. Die Handtücher fusselten stark, während sie sich flüchtig abtrockneten und dann rüber in sein Kinderzimmer huschten, das mittlerweile von seiner Mutter stets als »modernes Jugendzimmer« betitelt wurde. Zum Glück hatte sie ihm im Zuge der Umgestaltung auch ein Doppelbett geschenkt. Seine Mum war gerade mit ihrem Freund auf Sylt. Wellnesswochenende.

Vince beugte sich an der Bettkante stehend über seine Freundin, die es sich auf der grauen Bettdecke gemütlich gemacht hatte, und küsste ihren Hals. Dann drehte er sie um, biss vorsichtig in ihren Rücken und bat sie, kurz zu warten.

Sie blieb auf dem Bauch liegen und sah zu, wie der Atlas aus dem Regal flog. Er streifte ein buntes Kondom über, kam zurück zum Bett und führte schließlich sein Glied in ihren Po ein. Ihr Gesicht verzog sich kurz, als hätte sie Schmerzen, doch Vince schaltete sofort und öffnete seine Bettschublade. Er griff nach dem noch originalverpackten Gleitgel, das er nun zum ersten Mal benutzen würde, und entfernte mit den Schneidezähnen die fest am Deckel sitzende Plastikfolie. Mit einer schnellen Bewegung öffnete er die Tube, ließ einen kleinen Klecks Gel in seine Handfläche fließen und rieb das gelbe Kondom damit ein.

Es folgte ein neuer Versuch. Dieses Mal verschwand sein Penis vollständig in Jessicas Po. Während er sein Becken zunächst sehr zurückhaltend vor- und zurückbewegte, fühlte es sich an, als würde sein Penis eingesogen werden. Jetzt musste auch er stöhnen, mit tiefer Stimmfarbe und beinahe lauter als Jessica.

»Fuck!«, rutschte es ihm heraus, während Jessica leise auflachte.

Kapitel 2

Die grauen Pflastersteine glichen der Farbe seiner Stoffschuhe, die ihm vor wenigen Wochen noch als schneeweißes Paar angeboten worden waren. Mittlerweile waren sie vollständig verfärbt und verdreckt. Er hatte es sich eigentlich schon längst verboten, weiße Schuhe zu kaufen, doch bei jeder Online-Klamottenbestellung strahlte ihn ein neues Paar an, das er unbedingt haben wollte. Weiße Schuhe passten einfach am besten zu einem Großteil seiner Outfits. Er war nur nicht in der Lage, sie vernünftig sauber zu halten. Vielleicht war das auch unmöglich. Mit viel Glück könnte noch ein verzweifelter Waschgang helfen. Sonderlich nachhaltig war es schließlich nicht, sich jeden Monat neue Schuhe zu kaufen.

Er hob den Blick und konnte an der Straßenecke vor sich den örtlichen Supermarkt ausmachen, den er nur allzu gut kannte, aber seit sechs Monaten nicht mehr betreten hatte. In dieser Zeit hatte ein Umbranding stattgefunden, und aus dem blauen Farbton der alten Marke war ein rotes Logo geworden. Schon verrückt, was in so kurzer Zeit alles passieren konnte. Das Auslandshalbjahr in Spanien war unfassbar schnell an ihm vorbeigezogen, und nach all den Wochen voller Erlebnisse und Erfahrungen, die ihm die bitter nötige

Ablenkung verschafft hatten, war er nun zurück an dem Ort, vor dem er geflohen war.

Erst mal einkaufen. Hallo, Alltag.

»Hallo, Vince!«

Seine Klassenkameradin Sandra stolperte etwas unbeholfen auf ihn zu. Sie war scheinbar außer sich, ihm hier zufällig über den Weg zu laufen, und begrüßte ihn mit einer euphorischen Umarmung.

»Schön, dass du zurück bist!«, ergänzte sie strahlend.

»Schön, dich wiederzusehen«, erwiderte er, ohne es so zu meinen und ohne die Umarmung richtig zu erwidern. Er ließ es einfach über sich ergehen.

Sandra war ihm relativ egal. Das war gar nicht böse gemeint, aber sie hatten nie eine gemeinsame Wellenlänge gefunden. Auch wenn er mit seiner Familie früher beinahe jedes Jahr während der Osterferien auf dem Bauernhof von Sandras Eltern gewesen war, war jegliche Zeit, die sie miteinander verbracht hatten, lediglich den erzwungenen Umständen geschuldet.

Sandra lachte laut, und die Geräusche, die aus ihrem Mund strömten, erinnerten ihn an den spitzen Schrei, den sie damals von sich gegeben hatte, als eines der Pferde sie völlig unerwartet abgeworfen hatte. Die Szene lief vor Vince' innerem Auge ab wie ein unangenehmes, top geklicktes Fail-Video, das man nie wieder vergessen konnte.

Sandra war ein sehr natürliches Mädchen, das noch nie

Make-up aufgetragen hatte. Auf eine Art machte sie das auch sympathisch, allerdings musste Vince während der Begrüßung die ganze Zeit auf einen eitrigen Pickel an ihrer Wange starren. In diesem Moment wünschte er, sie würde sich wie viele gleichaltrige Mädchen noch mal kurz im Bad abchecken, bevor sie das Haus verließ, um alles final zu richten – Haare kämmen, Lippenstift nachziehen oder die dritte, vierte Schicht Schminke auftragen. Die meisten waren so unglaublich geschickt darin, konnten mit ein wenig Make-up – oder etwas mehr – sogar ihre Gesichtsform verändern, indem sie beispielsweise ihre Wangenknochen mehr oder weniger betonten. So viel Hingabe für Oberflächlichkeiten, für Attraktivität.

Aber Sandra tat das nicht. Natürlich nicht. Sie war ja auch ein sehr nettes Mädchen.

Und hundertprozentig Jungfrau.

Während sie ihm nun vor dem Supermarkt gegenüberstand und aus ihrem langweiligen Pferdeleben erzählte, dachte Vince darüber nach, ob er es übers Herz bringen würde, mit ihr zu schlafen.

Es interessiert mich nicht, wie es Oscar geht, dachte er. Nur weil wir früher auf eurem Hof Urlaub machen mussten, heißt das nicht, dass es mich interessiert. Wirklich. Überhaupt nicht.

Für eintausend Euro vielleicht, schweiften seine Gedanken wieder ab. Obwohl er große Zweifel hatte, ob er bei einem Mädchen wie ihr überhaupt eine Erektion kriegen würde. Er hasste sich für das, was ihm gerade durch den Kopf ging, und er beschloss, ihr aufrichtig zuzuhören. Primär, weil er jetzt Mitleid fühlte, aber auch weil sie im Grunde nur ein hilfloser, lieber Mensch war – und weil sie ihn so empfing, als wäre vor einem halben Jahr nichts gewesen.

Er deutete auf das neue Supermarktlogo. »Hat sich einiges verändert hier, oder?«

»Du meinst den Rewe? Na ja, eigentlich ist alles wie immer.« Sandra strich sich nach diesem Satz verlegen durch die Haare.

Je länger er darüber nachdachte, desto trauriger war die Aussage irgendwie. Für sie. Für ihn. Aber auch für diesen Ort.

»Wie war's denn in Spanien?«, schob sie schnell hinterher.

»Auf jeden Fall war das Wetter viel besser als –«

Ihr Telefon klingelte, und sie ging aufgeregt ran. »Schatz?«

Sekunden vergingen. »Jap, klar, bringe ich auch noch mit. Liebe dich.« Dann legte sie genauso hektisch wieder auf.

»Dein Freund?«, fragte Vince überrascht.

»Ja, Matthias. Musst ihn bei Gelegenheit mal kennenlernen. Er arbeitet seit Jahresanfang bei uns auf dem Hof.«

»Cool, Glückwunsch«, antwortete Vince lächelnd.

»Danke.«

Stille.

»So, ich muss dann auch mal rein. Wir kochen heute zusammen für die ganze Familie. Also Kartoffelsuppe, nichts Großes.«

»Na dann … Guten Appetit!«, erwiderte Vince relativ monoton.

Sandra umarmte ihn zum Abschied erneut und stürmte dann in den Supermarkt.

Vince blieb noch stehen, griff nach seinem Handy und schaute auf den mitteilungsleeren Sperrbildschirm.

Dann ging plötzlich alles ganz schnell. Auch wenn Sandra ihn nicht darauf angesprochen hatte, was vor seiner Flucht nach Spanien passiert war, hatte der Ort nichts vergessen. Die Wut hatte sich nicht um einen Hauch verringert.

Der erste Faustschlag traf seinen Hinterkopf so überraschend, dass er direkt vornüber zu Boden ging und mit dem Gesicht auf das Kopfsteinpflaster knallte. Ein Blutspritzer landete ironischerweise auf seinen dreckigen, schneegrauen Schuhen, so dass sie endgültig im Arsch waren.

»Du mieser Vergewaltiger!«

Er konnte die zwischen den Zähnen hindurchgepresste Stimme sofort zuordnen. Was hatte er auch erwartet? Dass er zurückkommen und einen Neustart wagen könnte?

Ein Fußtritt traf seine Nase, das Nasenbein brach und wurde in seinen Kopf geschoben. Er wollte schreien, stattdessen sammelte sich Blut in seinem Mund. Es floss schwallartig aus ihm heraus, während weitere Schläge und Tritte auf ihn einprasselten.

Als schließlich endlich eine ältere Dame mit ihrem Einkaufswagen aus dem Supermarkt kam und den ansonsten leeren Parkplatz betrat, ließ der Angreifer von Vince ab, sprintete zu seinem Wagen und startete den Motor. Die Dame hatte den schwerverwundeten jungen Mann gerade entdeckt, da schoss der grüne Golf auch schon davon.

Vince konnte hören, wie die Dame den Einkaufswagen auf ihn zuschob. Sie war schockiert, auch das bekam er noch mit. Der Einkaufswagen rollte noch ein paar Meter weiter, dann beugte sich die Dame über Vince, um sich ein genaueres Bild von ihm zu machen. Und während sie auf ihrem alten Nokia Tastenhandy den Notruf wählte, verlor er das Bewusstsein.

Kapitel 3

Sie hatten sich während der letzten Wochen die Seele aus dem Leib gefickt.

Und heute?

Heute hatten sie sogar ihren neuen Rekord aufgestellt. Siebenmal direkt hintereinander ohne große Verschnaufpausen. Ob man es damit ins Guinnessbuch schaffte?

Okay, wenn er ganz ehrlich war, hatte es zwischendurch Pizza gegeben. Tomate und Mozzarella für ihn, Hawaii für Jessica – Ananas und Schinken auf einer Pizza, für ihn eine unvorstellbare Kombination. Er musste grinsen. Was hätte der Lieferant wohl gemacht, wenn er gewusst hätte, was die Finger gerade alles angestellt hatten, die ihm das Geld in die Hand gelegt und die Lieferung entgegengenommen hatten?

Nach Runde vier hatte er schnell die graue Jogginghose mit dem kaputten Kordelzug angezogen – die dadurch wie wild an ihm herumschlabberte und die noch vorhandene Halberektion kaum verbergen konnte –, dann noch schnell das weiße T-Shirt übergeworfen und war völlig verschwitzt zur Tür geeilt.

»Dritter Stock«, hatte er komplett außer Atem in die Anlage gekrächzt und noch einmal in den Spiegel geschaut, um die zerzausten Haare wenigstens etwas in Form zu bringen.

Der Pizzabote hatte nicht wissen können, was sich hier abspielte, dass sein Kunde aktuell die sexuelle Hoch-Zeit seines Lebens hatte.

Ein lustiger Gedanke.

Unwillkürlich dachte er daran, wie die von ihm berührten Scheine und Münzen nun bereits im Umlauf waren und in diesem Moment vielleicht schon dem nächsten Pizzabrötchenbesteller als Rückgeld überreicht wurden.

Vor genau drei Wochen hatten seine Freundin und er in der Badewanne zum ersten Mal Lust auf Analverkehr gehabt, wenige Minuten später war er dann schließlich langsam und vorsichtig in seinem »Jugendzimmer« von hinten in sie eingedrungen. Jetzt gehörte all das bereits zu ihren ganz alltäglichen Sexroutinen, als wäre es nie etwas Neues gewesen.

Die Pizza hatte seine Leistungsfähigkeit bei Runde fünf und sechs stark beeinträchtigt. Das ärgerte ihn im Nachhinein ein wenig. Am Ende waren von dieser ungesunden Junkfoodmahlzeit nur ein plumpes Sättigungsgefühl sowie die vom Fett völlig durchgeweichte Pappe zurückgeblieben – und eine kleine Mozzarellakugel, die sich mit einem angebrannten Stück Zwiebel vereint hatte.

Die letzten Reste gammelten nun vor sich hin, während er soeben zum siebten Mal gekommen war. Dieses Mal tropfte nur noch ein kleines bisschen Restsperma aus seinem Schaft und verkleisterte sich mit ihren langen Haaren.

Er war am Ende. Mehr ging jetzt wirklich nicht. Er hatte alles gegeben.

Und es ernüchterte ihn trotz aller Euphorie, dass sie immer noch nicht richtig gekommen war. Während der letzten Wochen nicht, die ersten sechs Durchgänge heute nicht und auch bei diesem letzten Mal nicht. Sie gab ihm zwar das Gefühl, dass ihr alles gefiel, was er machte – und es gefiel ihr wirklich –, aber er würde sich wohl damit abfinden müssen, dass er es ihr nicht so besorgen konnte, wie er es gern wollte.

Er überlegte, ob es helfen würde, sie jetzt zu lecken. Vielleicht könnten sie dann in einigen Minuten endlich erleichtert aufschreien, ihren ersten Orgasmus feiern – und er seinen ersten Sieg. Ein Gefühl, das ihm vielleicht endlich die langersehnte männliche Sicherheit schenken würde, die die ganze Welt voraussetzte und die er sich immer dann kurz vorzumachen versuchte, wenn Jessica in ihrer gemeinsamen Experimentierfreudigkeit eine neue Stellung mit ihm ausprobierte.

Er dachte an seine ersten Erfahrungen mit Sex, erinnerte sich, wie er bei mindestens drei seiner kläglichen Versuche gescheitert war, ohne auch nur im Ansatz steif zu werden. Dazu gehörte ein Abend vor gut zwei Jahren, an dem er ziemlich betrunken gewesen war, und der darauffolgende Morgen. Ein Mädchen, das eine Klassenstufe über ihm war, hatte bei ihm übernachtet, aber auch nachdem sie aufgewacht waren und sie versucht hatte, ihm einen runterzuholen, war nichts passiert. Sogar am nächsten Abend, als er nicht mehr verkatert war und endlich performen wollte, folgte wieder nur Peinlichkeit.

Dass seine Freundin jetzt nicht kam, war ihm nicht ganz so peinlich. Sie hatten schließlich ein erfülltes Sexleben. So oder so war er nach diesem Sexmarathon auch zu schwach, um noch viel abzuliefern. Wahrscheinlich hätte er in diesem Moment nicht mal einen Hundert-Meter-Lauf überstanden.

Während sie nun ineinanderverschlungen und vollständig nackt auf dem Sofa lagen und er an ihren blond gefärbten Haaren roch, fühlte er sich plötzlich unglaublich glücklich. Bei ihr konnte er sich fallenlassen, und das machte den Unterschied zu den beiden Mädchen aus, mit denen er vorher versucht hatte, einen beziehungsähnlichen Zustand zu leben. Bei Jessica hatte er dieses warme Gefühl, er musste sich nicht verstellen, konnte einfach er selbst sein. Das beruhigte ihn auf eine Art, die er zuvor noch nie gespürt hatte. Er war zutiefst dankbar, dass es Jessica in seinem Leben gab, dass er sie hatte. Und das bezog sich gar nicht mal so sehr auf den Sex. Der war mittlerweile so normal geworden, wie alle paar Stunden zu urinieren …

Natursekt trinken. Ein für ihn typischer Gedankensprung.

Sofort reflektierte er seinen plötzlich abschweifenden Gedächtnisstrom und musste lächeln. Obwohl er gerade über Liebe, Nähe und Beziehungen nachgedacht hatte, kam ihm direkt wieder etwas Sexuelles in den Sinn – und damit erfüllte er wohl das Klischee, dass sich mindestens jeder dritte Gedanke eines Mannes darauf bezog.

Natursekt wurde auf einer Seite angeboten, auf der man Nutten für Hausbesuche buchen konnte. Ein Freund und er hatten sich mal auf einer solchen Homepage umgesehen. Natürlich im Inkognito-Modus.

Wer hätte gedacht, dass er schon in wenigen Wochen den Urin seiner Freundin probieren würde – und zwar während eine Kamera alles aufzeichnete.

Kapitel 4

Das war also das Ergebnis ihrer Beziehung. Dass er jetzt an einem wolkenverhangenen Vormittag auf einem kalten Supermarktparkplatz lag und sich nicht mehr bewegen konnte. Gefangen in seinem Körper und außer sich vor Wut. Ein Zustand der Fassungslosigkeit. Er konnte nicht mehr klar denken, war komplett übermannt von unbeschreiblich starken Schmerzen. Übermannt. Wahrscheinlich hatte er sich sein ganzes Leben lang schon übermannt gefühlt.

Trotz seiner verzweifelten Lage spürte er es sofort, als sie aus dem Supermarkt kam. Sie wollte zurück zu ihrem Bruder Tony gehen, zu ihm ins Auto steigen und nach Hause fahren. Aber der Wagen war nicht mehr da.

Ihre Körperhaltung auf den schwarzen Absatzschuhen war perfekt, an jedem Handgelenk hing eine braune, mit Einkäufen gefüllte Papiertüte, damit sie zeitgleich auf ihr Handy schauen und ihre Instagram-Benachrichtigungen aktualisieren konnte. Auch als Vince noch mit ihr zusammen gewesen war, hatte eine regelrechte Sucht sie dazu getrieben, nahezu ununterbrochen Kommentare zu liken, Storys anzuschauen und in den auf sie zugeschnittenen Empfehlungen zu stöbern.

Symptomatisch für eine ganze Generation. Verargumentiert als notwendige Suche nach Inspiration. Immer neue kreative Bilder. Und letztlich doch nur eindrucksvolle Leere.

Bei Vince hatte sich diese Instagram-Sucht erst während seiner Auslandszeit in Spanien entwickelt. Schon in den ersten Wochen hatte er begonnen, in stalkerähnlicher Manier alle von Jessica geposteten Inhalte zu konsumieren, auch wenn sie zu dieser Zeit eher inaktiv war. Immer und immer wieder hatte er auf das sich aktualisierende graue Rädchen gestarrt, das neue Inhalte ankündigte und algorithmisch aufgekocht auch immer etwas augenscheinlich »Neues« lieferte, selbst wenn niemand in der Zwischenzeit etwas gepostet hatte.

In diesem Moment strömten die Instagram-Impressionen ungefiltert durch seinen verletzten Kopf, vermischt mit aufblitzenden Erinnerungen an ihre Beziehung.

Plötzlich hörte Vince, wie die Papiertüten auf den Boden fielen. Kurz darauf ertönte ein spitzer Schrei. Jessica hatte ihn entdeckt. Ein paar Äpfel kullerten aus den Einkaufstüten und verteilten sich auf dem dreckigen Boden.

Doch all das spielte keine Rolle.

Die alte Dame war gerade damit beschäftigt, Vince in die stabile Seitenlage zu bringen. Sie versuchte, ihn anzusprechen, erhielt aber keine Reaktion. Ihre Brille war schon ganz beschlagen, als Jessica sich neben sie hockte und wimmernd in das Gesicht ihres Exfreunds schaute.

Da war sie also. Die erste große Liebe seines jungen Lebens. Direkt neben ihm. Völlig verzweifelt. Das Mädchen, das in der Öffentlichkeit als Schlampe und Vergewaltigungsopfer galt – also in paradoxer Weise als vergewaltigte Schlampe, je nachdem, wie es den Leuten besser passte. Und er war der Täter, der nun wohl seine gerechte Strafe bekommen hatte.

Vielleicht hatte das alles auch so kommen müssen, weil es sich für einen großen Bruder gehörte, den Exfreund der kleinen Schwester zu bestrafen, wenn er ihr weh tat. Vielleicht war Tonys Racheaktion aber auch nur dummes, unreflektiertes Klischeehandeln. Verrückt, wenn man bedenkt, dass Tony unter dem Reallife und Online-Shitstorm, der auf Jessica und Vince eingeprasselt war, scheinbar am meisten gelitten hatte. All die daraus resultierende Energie hatte er wie bei einer missglückten chemischen Reaktion, für die es keine heilende Formel gab, wieder und wieder in Aggressionen umgewandelt.

Vince fühlte sich wie ein weggeworfenes altes Stück Brot, das immer mehr austrocknete und zu einem Klumpen versteinerte. Was würde wohl sein letzter Gedanke sein, von dem alle Welt sprach? Dieser eine Gedanke, bevor das Leben aus dem Körper wich. Die letzten Bilder, die sich vor dem inneren Auge aufbauten. Pixel für Pixel. Kitschig gesagt: Wer schaffte es in die finale Fotomontage über sein Leben?

Er hustete keuchend, die alte Dame erschrak und ließ ihr

Nokia Handy in eine Blutpfütze fallen. Ein Krankenwagen war mittlerweile auf dem Weg.

Jessica war völlig überfordert, komplett übermannt – Vince hätte über die sich wiederholende Beschreibung gegrinst, wenn er dazu noch in der Lage gewesen wäre. Aber das war er nicht. Er bekam nicht mal seine Augen auf, um Jessica anzusehen.

Wach auf, du dummes Arschloch!

Sein Körper folgte seinen Befehlen nicht mehr. Wie beim nächtlichen Einschlafen drifteten seine Gedanken stattdessen in einen Sextraum ab. Vollständig benebelt baute sich das erste Mal Sex mit Jessica in seinem Kopf auf.

Ekstase.

»Ich liebe dich.«

»Und ich liebe dich.«

Dann Küsse.

Jetzt öffne deine Augen, du dämlicher Vollidiot!

Aber sein Körper weigerte sich, gab sich den Erinnerungen hin …

Es war ausgemacht, dass Jessica nach der Geburtstagsparty ihrer besten Freundin bei Vince übernachtete. Sie dateten jetzt seit mittlerweile drei Wochen und wollten nicht mehr länger warten.

»Wie du mich schon den ganzen Abend angestarrt hast!«, stellte sie lächelnd fest.

»Ich wäre am liebsten schon vor Mitternacht mit dir abgehauen«, antwortete er.

Der Sex, den er an diesem Abend mit Jessica hatte, war der intensivste, den er bis zu diesem Zeitpunkt erlebt hatte. Vermutlich war das darauf zurückzuführen, dass der Geschlechtsverkehr vollkommen emotionsgetrieben war und die Bewegungen ihrer Körper diesen Gefühlen lediglich Ausdruck verliehen. Außerdem war Jessica nicht ganz unerfahren. Zwar hatte sie ihren eigenen Aussagen nach noch nie eine richtige Beziehung gehabt, aber Vince wusste, dass sie auf einige Dates gegangen war. An diesem Abend hatte er keine Zweifel, ihr erfahrungsmäßig unterlegen zu sein, und dennoch alles darauf gesetzt, dass es sich für sie genauso besonders anfühlte wie für ihn.

Mit den beiden Mädchen vor Jessica war Sex schnell zu einer Trainingseinheit verkommen, die zwar immer recht lang dauerte, bei der er aber kopfmäßig nie richtig involviert gewesen war. Mit Jessica hatte sich das schon beim ersten Mal ganz anders angefühlt. Und auch danach hatte sie es scheinbar immer genossen. Es hatte ihr gefallen, dass er mutig war und ausprobierte, was er aus Pornos kannte. Ihr erster Geschlechtsverkehr dauerte zwar nicht lange, aber sie verstanden in dieser Nacht, dass sie sich wirklich liebten.

Und während Vince auf dem Parkplatz lag, erinnerte er sich genau an dieses Gefühl.

Kapitel 5

Leere. Sie war mit ihrer besten Freundin in Hamburg, und er musste zum ersten Mal ein Wochenende allein verbringen, seit sie zusammen waren.

Nach einer sehr unruhigen und einsamen Nacht realisierte er am Samstagvormittag, wie sehr er sich in Jessica verliebt hatte. Ohne sie fühlte er sich unvollständig, sogar antriebslos. Zwar hatte er sich für den Nachmittag mit einem Freund verabredet, um sich ein Bundesligaspiel anzuschauen, aber sein Interesse an Fußball hatte in den letzten Jahren eher abgenommen. Letztlich hatte er dem Treffen wohl nur zugestimmt, um irgendetwas vorzuhaben. Abends würden sie vielleicht noch feiern gehen, aber das machte nur halb so viel Spaß, wenn man in einer Beziehung war.

Während er nach seinem wöchentlichen Tennistraining noch ungeduscht auf dem Bett lag, langweilte er sich, auch wenn er wusste, was gleich passieren würde. Gestern Abend hatte er dem Druck noch standgehalten, aber jetzt freute er sich viel zu sehr darauf.

Er stand auf, schloss seine Zimmertür zu und begann, als er es sich wieder auf dem Bett gemütlich gemacht hatte, seinen Penis durch die Stoffhose hindurch zu streicheln. Für einige Sekunden versuchte er, sich selbst eine erotische Situation auszumalen, und stellte sich zwei Blondinen vor – wie sie sich nackt vor ihm rekelten. Wunderschöne Bilderbuchmodels, mit denen er gemeinsam auf einer frisch geölten Teakholzliege an einem verlassenen Sandstrand lag. Aber im Kern handelte es sich bei diesem Gedankenspiel nur um die nächstbeste Pornoerinnerung, bei der er im Kopf versuchte, den männlichen Pornostar durch sich zu ersetzen. Es reichte allerdings nicht, um sich wirklich gut selbst zu befriedigen. Er brauchte mehr Reize. Und so kam es, dass er auf dem Laptop, den er immer neben dem Bett stehen hatte, seine Standardpornoseite aufrief und durch die neuesten Uploads scrollte.

Ja, Jungs sehen sich Pornos an. Egal, ob sie in einer Beziehung sind oder nicht. Sich einen runterzuholen ist ein klassischer Zeitvertreib, der guttut und schnell zu einem entspannenden Ergebnis führt. So fasste Vince es in seinen Gedanken zusammen. Oft fragte er sich hinterher, nachdem er alles mit einem Taschentuch aufgewischt hatte, ob diese versauten Masturbationsgedanken und die Videos ihn zu sehr bestimmten. Meistens kam er jedoch zu dem Fazit, dass eigentlich jeder junge Mann von diesen Bildern im Kopf getrieben wurde. Ob Mädchen sich abends das Gleiche ausmalten und anschauten? Oder tauchten sie nur in romantische Traumwelten ab, in denen er und sie in Hochzeitskleidung vor dem Altar standen, sich die lebenslange Treue versprachen, dann liebevoll in den Armen liegend küssten und schließlich Walzer tanzend in Richtung Vollmond verschwanden?

An schlechten Tagen schlussfolgerte er nach der Selbstbefriedigung, dass er wichssüchtig war, zu viele Pornos schaute und endlich lernen sollte, sich besser im Griff zu haben. Menschen sind ja schließlich keine Tiere, die sich gänzlich von ihren Trieben bestimmen lassen, waren dann die kritischen Gedanken, die sich in seinem Kopf durchsetzten, während es in seinem Zimmer nach Haselnusssperma roch.

Heute klickte er sich an seinem Laptop durch die »Dreier«-Kategorie und sah sich an, wie ein Mann eine laut Titel neunzehnjährige Jungfrau nahm, während sie einem anderen, Mitte dreißigjährigen Typen einen blies. Vince zog Hose und Boxershorts herunter, spuckte sich in die Hand und begann, die Vorhaut seines Penis vor- und zurückzuschieben. Irgendwann reichte dieses Video nicht mehr aus, also öffnete er einen weiteren Tab, kopierte die Pornoadresse von einem Browserfenster ins andere und suchte sich aus den vorgeschlagenen Inhalten einen weiteren Clip aus. Hier waren zwei Frauen damit beschäftigt, sich auszuziehen und zu küssen, bis schließlich ein Mann dazukam und von beiden verwöhnt wurde.

Er schaute die Pornos ohne Sound, damit seine Mutter und ihr Freund akustisch nichts mitbekamen. Oft benutzte er Kopfhörer, hatte jetzt aber keine Lust, während des Prozesses danach zu suchen. In seiner Jogginghose vom Training waren sie ganz sicher nicht, dafür vermutlich in irgendeiner Jeans, die er zuletzt getragen hatte. Also blieben die Pornos stumm.

Dann öffnete er einen dritten Tab. Sein Blick wechselte nun zwischen drei geöffneten Pornos hin und her. Zum Glück deutete sich einige Minuten später endlich an, dass er kommen würde. Er hatte auch schon schlimmere Tage erlebt, an denen sich die Videos noch in ganz andere Extreme entwickelt hatten. Aber im Zustand der Geilheit hinterfragte er nie, was er da gerade tat. Von außen betrachtet war er in diesem Moment nicht besser als die Achtklässler, die seiner Freundin Dickpics schickten. Klar, sein Verhalten war weniger direkt und weniger verboten, auch wenn er noch nicht achtzehn war und eigentlich gar keine Pornoseiten besuchen durfte. Aber daran hielt sich sowieso niemand, und Kontrollen gab es schließlich auch nicht. Erst nachdem er gekommen war, hatte er oft kritische Gedanken, die ihn dazu anregten, über das eigene Verhalten nachzudenken. Eine Netflix-Doku über die Pornobranche hatte sich regelrecht in sein Hirn eingebrannt. Er wusste, wie unzufrieden viele Darsteller mit ihren Rollen waren, die immer wieder von ihnen verlangten, das nächste Tabu zu brechen, um relevant zu bleiben.

Aber jetzt war das egal. Jetzt war er mittendrin. Jetzt

zählte nur der Samenerguss, der Vince in diesem Moment übermannte.

Er wühlte in der Nachttischschublade nach einem Papiertaschentuch und wischte die weiße Substanz auf. Während Hose und Boxershorts noch heruntergezogen waren, ließ er sich zurück auf sein Kopfkissen fallen und starrte an die Decke.

Nein, er war nicht stolz auf sich. Mit Sicherheit schaute er zu regelmäßig zu viele Pornos. Das machten aber auch alle seine Freunde. Noch immer starrte er an seine gelb gestrichene Zimmerdecke. Ein seltsamer Farbton. Das Gefühl der Leere holte ihn wieder ein.

Einer seiner besten Freunde hatte ihm mal erzählt, dass er mit seiner Freundin ganz offen über Pornos gesprochen hatte, woraufhin sie überraschend vorgeschlagen hatte, sich gemeinsam welche reinzuziehen.

Jessica wusste nicht, dass sich Vince Pornos ansah. Wobei, das war wahrscheinlich Quatsch. Sie hatten zwar nie darüber geredet, aber jedes Mädchen konnte sich wahrscheinlich denken, was Jungs so trieben, wenn sie allein waren.

Er hätte wirklich nur allzu gern gewusst, ob sie selbst auch Pornos konsumierte.

Kapitel 6

Seine Augen waren weiterhin geschlossen, aber er stellte trotzdem fest, dass sich seine Umgebung vollständig verändert hatte. Aus dem grauen Parkplatz war das Innere eines hellen Krankenwagens geworden, und ein Sanitäter war damit beschäftigt, ihn an diverse Kabel anzuschließen. Jessica war nicht an seiner Seite, um ihn ins Krankenhaus zu begleiten.

Die aufheulende Sirene war hier drin nicht so laut, wie Vince erwartet hatte. Allerdings war er sich auch nicht sicher, was er überhaupt noch richtig wahrnehmen oder zuordnen konnte. Er war allein, ohne persönliche Begleitung, so viel war sicher.

Der Krankenwagen schoss in hohem Tempo durch die Straßen, versuchte eilig, jede rote Ampel zu ignorieren und keine Zeit zu verlieren.

Immerhin hatte er sie auf dem Parkplatz noch einmal in seiner Nähe gehabt, bevor er starb, war sein nächster Gedanke. Er wollte sich nicht in Selbstmitleid suhlen oder nur negativ denken, aber es war schwer, in diesem Moment den Fokus auf etwas Positives zu richten. An die Schmerzen hatte er sich zwar mittlerweile gewöhnt, aber die pochenden Impulse störten seinen Gedankenfluss.

Er war selbst schuld. Das alles hier war seine Schuld. Es waren seine Fehler, die zu alldem geführt hatten. Sein krankes Pornohirn, das diesen riesengroßen Hass hervorgerufen hatte. Vor sechs Monaten hatte er so viele Leute wütend gemacht und dabei nicht nur seine, sondern auch Jessicas Psyche zerstört. Im Laufe der Zeit hatte sie das Ganze in einen unfassbaren Erfolg verwandeln können, aber mit ziemlicher Sicherheit prägte auch sie ein Gefühl der emotionalen Leere.

Oh, diese unerträgliche Leere.

Fick dich, Vince. Frag dich ruhig, ob du jetzt überhaupt noch kämpfen solltest, ob es eine Rolle spielt, dass du überlebst. Du bist das Krebsgeschwür dieser Generation, das Leben zerstört. Du hast alles vernichtet, was ihr hattet, hast dafür gesorgt, dass sie die Liebe hinterfragt. Liebe. Du hast dafür gesorgt, dass du die Liebe hinterfragst. Du hast dafür gesorgt, dass ihr beide nicht mehr lieben könnt. Nie wieder lieben könnt. Vielleicht gibt es die Liebe gar nicht. Vielleicht war alles nur eine Folge deiner Triebe. Vielleicht sind wir ja doch alle nur Tiere, die sich Tag für Tag ihren niederen Bedürfnissen hingeben wollen. Und alles andere ist nur eine gefakte Anstandsshow. Das, was du mit Jessica hattest, war Sex. Purer und leidenschaftlicher Sex, aber Sex.

Nein. Das stimmte nicht. Da waren diese zärtlichen, warmen Küsse, bei denen sich ihre Zungenspitzen umkreisten.

Seine vorsichtigen Bisse in ihre Unterlippe.

Ihre seichten Küsse auf seine Wange.

Stundenlanges Kuscheln und Innehalten.

Eine Realität gewordene Utopie von Geborgenheit und Zufriedenheit. Das alles hatte er nur mit ihr gefühlt. Zum ersten Mal in seinem Leben.

Und es hatte sich nach mehr angefühlt.

Es hatte sich perfekt angefühlt.

Die Situation jetzt fühlte sich nach nichts an. Nach verlorener Einsamkeit. Und auch wenn es ihn zu einem Versager machte, der Opfer spielen wollte, gab er sich diesem Gefühl hin. Er genoss den Schmerz und die Aussichtslosigkeit. Nicht aus Liebeskummer. Ihr müsst anfangen, komplexer zu denken, dachte sich Vince, als würde er zu einem Publikum in seinem Kopf sprechen. Zu all den kritischen Stimmen in seinem Gehirn, das mehr und mehr zerfaserte und mit Blut gefüllt wurde.

Er hatte ihr nie wahre Geborgenheit geschenkt, war an den Anforderungen seiner Männlichkeit gescheitert. Sie hatte alles in ihm gesehen, doch er hatte sich wie ihr Niemand gefühlt.

Vergewaltiger. VERGEWALTIGER!

Eine Stimme in seinem Kopf, die einfach nicht verschwinden wollte, schrie ihn an.

Na, willst du wieder die Kamera aufstellen? Willst du wieder auf Aufnahme drücken? Alles grenzenlos für einen neuen, explodierenden Orgasmus?

Und was will sie? Ist dir das völlig egal?

Männliches Selbstverständnis. Du hast sie überredet, Vince! Sie hat dir vertraut.

Am schlimmsten aber war, dass sie ihn für seine Entschuldigung hasste. Das verstand er am wenigsten. Dieser Blick, den sie ihm zugeworfen hatte, als er sagte: »Es tut mir leid!«

Oh, ihre Blicke.

Er erinnerte sich an ihren verliebten Blick, den er täglich in sich aufgesaugt hatte, immer darauf bedacht, ihn tief in seinem Inneren abzuspeichern. Ihre rehbraunen Augen, die weit geöffnet zu ihm hochschauten und in ihm das Bedürfnis hervorriefen, sie in den Armen zu halten. Weil sie so süß und niedlich war. Und sie liebte ihn für die Blicke, die er in diesen Momenten als Reaktion zurückwarf.

Nicht zwangsläufig beim Sex – nein, in diesen Momenten des inständig verliebten Blickkontakts verschmolzen ihre Seelen.

»Ich liebe dich.«

»Und ich liebe dich.«

All das hast du kaputtgemacht, du hast es euch beiden weggenommen. Weil so etwas in dieser Gesellschaft keinen Platz hat, weil so etwas heutzutage vielleicht öffentlich besprochen, aber mit Sicherheit nicht gezeigt wird.

Und ihr habt alles gezeigt.

Ihr wart im Bett mit der Welt.

Tag für Tag. Woche für Woche.

Unreflektiert. Hemmungslos. Du bist die Krankheit dieser Generation, Vince. Ihr wart eine einzige Provokation, heraufbeschworen durch deine Experimentierfreudigkeit. Dadurch, dass du unaufhaltbar warst. Eure Beziehung war grenzenlos. Du wolltest die Grenzen der Liebe sprengen, weil es dir egal war.

Und dann, nach etlichen Operationen im örtlichen Krankenhaus, als Vince auf einem Bett in ein Krankenzimmer geschoben wurde, fiel er ins Koma.

Kapitel 7

»Und du hast wirklich nichts dagegen, wenn ich die Kamera aufbaue?«, fragte er in seiner liebevollen, warmen Stimmfarbe, die auch in diesem Moment so klang, als würde er jede ihrer Antworten verständnisvoll akzeptieren.

Sie musste nicht eine Sekunde überlegen. »Warum sollte ich?«, fragte sie lächelnd.

Sie fühlten sich beide so, als könnte ihnen nichts und niemand etwas anhaben, als gäbe es keine Verbrechen, keine tödlichen Krankheiten oder geistesgestörten Serienmörder – jedenfalls nicht in ihrer gemeinsamen Welt. Solange sie zusammen waren, war dort nichts als Liebe. So kitschig es auch klingen mochte, mit ihr schwebte er in einem perfekten Paralleluniversum.

»Lass mich deine Pornodarstellerin sein!«, hauchte sie noch voller Überzeugung und Ironie.

Er begann, die langen Beine des Stativs auszufahren, und ließ sie auf einer Höhe einrasten, die es erlaubte, das Bett vollständig zu filmen. Dann schraubte er die Kamera auf das Stativplättchen und schaltete die LED-Leisten ein, die er damals direkt eine Woche nach der Umgestaltung seines Zimmers an den Bettkanten befestigt hatte. Er trug eine hellblaue Jeans und einen beigefarbenen Strickpullover, wandte den Blick jetzt von dem aufgebauten Filmset ab und machte einen Satz zu ihr auf die Matratze.

»O Gott, ich muss dich einfach küssen.«

Im nächsten Moment berührte er ihre mit rotem Lippenstift nachgezogenen Lippen.

»Aber die Kamera läuft doch noch gar nicht«, sagte sie in einem neckischen Tonfall.

»Mein Mädchen.« Mit diesen Worten versuchte er, der tiefen Verbundenheit Ausdruck zu verleihen, die er für sie empfand. Er schaute ihr tief in die Augen und spürte dabei etwas, das vollkommener Zufriedenheit glich.

»Ich liebe dich«, war ihre knappe Antwort. Nur drei Worte, denen man jedoch die Überzeugung anmerkte, mit der sie gesprochen wurden.

»Und ich liebe dich«, erwiderte er, ohne zu zögern. Er stand auf und drückte auf die rote Recordtaste.

Während er noch vollständig bekleidet war, trug sie nur rote Unterwäsche. Seine Gedanken begannen, Regie zu führen. Schon oft hatte er sich mit Freunden darüber unterhalten, dass wenig bekleidete Menschen meistens noch attraktiver wirkten als nackt. Er bat sie also darum, sich in ihrer Unterwäsche auf dem Bett aufzurichten und direkt in die Kamera zu schauen.

»Stell dir vor, du willst mich verführen und zu dir ins Bett locken.«

Eigentlich hatte er erwartet, dass sie nach dieser Anweisung loslachen würde, aber sie füllte ihre Rolle sofort und selbstsicher aus, biss sich auf die Unterlippe, während ihr Dackelblick auf das Objektiv gerichtet war. Sie strich sich mit beiden Händen über den Bauch, dann über die im BH versteckten Brüste.

Wie viele Paare wohl auf die Idee kamen, sich beim Sex zu filmen?, fragte er sich, während er durch den kleinen Vorschaumonitor auf das gerade entstehende Videomaterial blickte.

Dann betrat auch er die Szenerie. Während er sich zu ihr auf das Bett legte, zog er sich den warmen Pullover vom Oberkörper und küsste sie hastig am Hals, am Bauch und schließlich auf ihren roten Slip. Er schob den Stoff zur Seite und ließ seine Zunge aus dem Mund schnalzen. Parallel dazu kraulte sie seine blonden Haare, versuchte dann, mit beiden Händen seinen Kopf anzuheben, um ihre Erregung zu kontrollieren.

Er hingegen tauchte mit seiner Zunge tiefer in sie ein. Ein paar Sekunden vergingen, dann genoss sie es. Nach einem langen, tiefen Atemzug presste sie mit ihren Händen nicht mehr gegen, sondern in die Bewegung hinein, so dass sein Kopf jetzt noch stärker an ihren Körper gedrückt wurde.

Das rote Aufnahmelämpchen blinkte regelmäßig, während er sich Jeanshose und Boxershorts auszog.

Er öffnete ihren BH und küsste parallel ihren Mund. Es entwickelte sich ein feuchter, intensiver Zungenkuss.

Wieder schauten sie sich einen Augenblick lang tief in die Augen und berührten sich dann zärtlich mit ihren Nasenspitzen. Auch ihr Slip glitt nun die langen glatten Beine hinab. Jetzt waren sie beide vollständig nackt. Sie rollten ineinanderverschlungen einmal über das Bett, bis sie auf ihm lag.

Sie hielt inne und musterte sein Gesicht, beugte sich dann zu ihm hinab und küsste seine Stirn. Kurz darauf fuhr sie mit ihrer Zunge über seine Brust und setzte zu vereinzelten Küssen auf seinem Oberkörper an. Wenige Sekunden später hatte sie seinen Penis im Mund.

»Warte kurz«, stieß er aus und versuchte, Blickkontakt aufzubauen.

Sie schaute mit ihren großen Augen zu ihm auf und löste die Lippen. Er schob sie vorsichtig zur Seite, stand auf und flippte das Stativplättchen aus der Halterung. Mit der Kamera in den Händen kroch er zurück zu ihr ins Bett, richtete das Objektiv auf Jessica und bestätigte mit einem Nicken, dass er jetzt wieder bereit war. POV-Perspektive.

Sie setzte ihren Blowjob fort. Er hatte erwartet, dass sie durch die nun präsentere Kamera etwas reservierter und zurückhaltender agieren würde, doch stattdessen wirkte sie plötzlich noch motivierter und schob ihren Kopf weiter nach vorn als jemals zuvor. Deep Throat.

Er keuchte und verlor kurz die Kontrolle über die Aufnahme, die nun lediglich seinen Bauchnabel aufzeichnete und wie wild wackelte. Nach einem tiefen Atemzug stabilisierte sich das Bild wieder.

Er strich ihr mit der freien Hand die langen blonden Haare hinter das Ohr und hielt anschließend ihren Kopf. Sie unterbrach ihre rhythmischen Bewegungen, schaute zu ihm auf und lächelte.

Er war dankbar, genau dieses Lächeln jetzt für die Ewigkeit zu haben.

Kapitel 8

Endlich weg von hier. Seine beiden vollgepackten Koffer hatte Vince bereits am Schalter abgegeben, nachdem sein Vater ihn am Flughafen abgesetzt und sich für ein halbes Jahr von ihm verabschiedet hatte. »Viel Spaß in Málaga. Wird dir guttun, bis hier Gras über alles gewachsen ist. Hab dich lieb und pass auf dich auf!«, waren die Abschiedsworte an seinen Sohn.

Vince hatte seine neuen – und ebenfalls sehr stylischen – schwarzen Noise-Cancelling-Kopfhörer aufgesetzt, die sich aber aus irgendeinem Grund nicht über Bluetooth mit seinem iPhone verbinden lassen wollten, während er auf dem Weg zur Sicherheitskontrolle war.

Statt Musik also abgeschirmte Stille.

So viele umherirrende Menschen. Am abscheulichsten war der Blick auf einen viel zu kleinen Käfig, in dem ein Golden Retriever sich hechelnd seinem Schicksal ergeben musste. Die großen braunen Augen sahen sich hektisch um. Das Tier war aufgewühlt, überfordert und begann zu bellen. Wann war es eigentlich zur Selbstverständlichkeit geworden, dass jeder alles mit seinen Haustieren machen darf?

Ein kleines Mädchen, das heute noch mit seinen Eltern in einem All Inclusive Hotel in der Sonne landen sollte, wurde von den lauten Geräuschen aus der Box erschreckt und begann zu weinen. In ihrer dicken, flauschigen, rosafarbenen Jacke, die ein paar Nummern zu groß war, warf sich die Kleine auf den Boden und trommelte auf die kalten Fliesen. Das hochpolitische Statement einer Sechsjährigen.

Vince nahm all das wie einen Stummfilm wahr, der perfekt inszeniert auf ein deprimierendes Ende zusteuerte. Aber für wen eigentlich?, fragte er sich selbst, während er einfach stehen blieb, so dass alle ihm ausweichen mussten. Immer diese rücksichtslosen jungen Männer.

Die Kleine würde schon heute Abend oder spätestens morgen früh am Strand sitzen, eine Burg aus Sand bauen und vergessen. Mit einem Eisbecher würden die Eltern dafür sorgen, dass sie sich wieder gut fühlt.

Wir wollen sie doch nur lächeln sehen.

Dem Hund geht es gut, Schatz. Wir alle lieben Tiere.

Vince hatte in den letzten Monaten immer häufiger darüber nachgedacht, wie verkorkst die Generation seiner Eltern eigentlich war. Die meisten Erwachsenen hatten sich in dem Bewusstsein, nur das Beste zu wollen, in einer widerlichen und unstillbaren Gier verrannt und hielten genau dieses Verhalten ihren Kindern mahnend vor.

Ihr wisst ja gar nicht mehr, wie das früher alles mal war. Da gab es höchstens einmal in der Woche Fleisch.

Und bei uns jeden Tag, dachte Vince, der mittlerweile seit einem Jahr vegetarisch lebte. Seine Mutter hatte das kommentarlos akzeptiert und aß seit der Trennung von Vince' Vater selbst kaum noch Fleischmahlzeiten. Allerdings war diese Ernährungsweise nur darauf zurückzuführen, dass sie keine Lust hatte, für sich allein etwas zu kochen. Und im Rahmen ihrer neuen Beziehung achtete sie auch wieder weniger auf Konsequenz und Durchhaltevermögen. Nur nicht über die Trennung nachdenken.

Plötzlich dröhnte Apache 207 in seinen Ohren. Die Kopfhörer hatten sich endlich verbunden. Doch im Moment war ihm nach anderer Musik zumute. Er switchte zu Ludovico Einaudi, während er sich in die Reihe der Wartenden stellte. Die nachdenkliche, beruhigende Klaviermusik des »Ziemlich beste Freunde«-Komponisten passte viel besser zu seiner Stimmung.

Ein typisches Alman-Ehepaar befahl ihm mit hektischen Gesten aus einigen Metern Entfernung, endlich aufzurücken, damit es in der Schlange voranging. Dabei hatte er nur kurz geträumt und die Musik umgeschaltet. Es war auch noch kein neuer Platz an den Bändern frei geworden, um das Handgepäck in eine der Kisten zu legen. Diese ekelhafte deutsche Mentalität. Natürlich war Korrektheit gut, aber der unnötige verbitterte Ton und Umgang, all die deprimierten Fressen … Wann hatten die Leute eigentlich verlernt, sich beim zufälligen Blickkontakt im öffentlichen Raum auch mal ein Lächeln zuzuwerfen? Wann hatten die Leute generell die Ruhe verloren? Oder war das Teil der deutschen

DNA? Dauerhaft getrieben, vermutlich zurückzuführen auf viel zu kurze Sommer, graue, langweilige Städte und zu viele Verpflichtungen. Auch Vince wirkte in diesem Moment zwar traurig, aber das war nach den Ereignissen der letzten Wochen mehr als gerechtfertigt. Er fühlte sich aktuell wie ein Flüchtling, der aus katastrophalen Lebensumständen abhauen musste, es in seiner Heimat nicht mehr aushielt. Klar, ein super unsachlicher Vergleich – ehrlich gesagt sogar menschenverachtend –, aber er war frustriert, und global gesehen war schließlich ihr gesamter First-World-Lebensstil menschenverachtend.

Alter, Vince, jetzt hör mal auf mit dieser dauerkritischen Gedankenspirale. Mach mal einen Punkt, befahl er sich selbst. Schließlich war er heilfroh, dass er für sechs Monate nach Spanien gehen konnte.

Irgendwann war dann auch die Sicherheitskontrolle passiert, und er schlenderte durch den Duty-Free-Bereich. Eigentlich würde er jetzt routinemäßig Parfüms durchprobieren. Jessica und er hatten vor ihrer ersten gemeinsamen Reise eine Stunde in der riesengroßen Abteilung verbracht, bis sie von einer Verkäufern in einem viel zu höflichen Ton, der dadurch fast schon giftig klang, gefragt wurden, ob sie wirklich jedes Produkt testen möchten. Woraufhin Jessica ironisch geantwortet hatte: »Natürlich! Wie soll ich mich für das Beste entscheiden, wenn ich nicht alle kenne?«

Heute aber ging er weiter.

Seit drei Wochen hatte er sich keinen einzigen Porno mehr angeschaut und, um genau zu sein, sich seitdem auch keinen mehr runtergeholt.

Ich brauche einen Neuanfang, hatte er sich gedacht, nachdem alles öffentlich geworden war. Enthaltsamkeit. Das war sein neues Lebensmotto, das ihn in diesem Moment am Flughafen allerdings zu einem gefühlt dreizehnjährigen pubertierenden Gaffer werden ließ, der jedem Ausschnitt und jedem Po in engen Jeans so auffällig hinterherglotzte wie ein Hund, der mit weit geöffneten Augen ein Leberwurstbrot im Blick hatte. In diesem Moment würde sogar der Vergleich passen, ihn als läufig zu beschreiben –, wie ein wild gewordener Labrador hätte er jetzt vermutlich alles bestiegen, wenn da nicht dieses letzte bisschen Kontrolle wäre.

Ist es das, was uns zu Menschen macht?

Er feierte sich regelrecht, während er darüber nachdachte, wie ein Philosoph den Unterschied zwischen Mensch und Tier genau in diesem Wortlaut zu Papier brachte. Letztlich wurde es so ähnlich wohl wirklich schon das eine oder andere Mal aufgeschrieben: Menschen unterscheiden sich von Tieren, weil sie ihre Triebe kontrollieren können.

Nicht jeder. Und nicht immer. Aber eben meistens. Definition fertig.

NoFap musste die Lösung für all seine Probleme sein – eine Bewegung, die aus einem Internetforum hervorgegangen war und darauf schwor, dass der Verzicht auf Masturbation zu einem sexuellen Reboot führte. Aber nicht nur das. Teilnehmer der Bewegung, die sich mitunter mehrere Monate lang keinen mehr runterholten oder wenigstens vollständig auf Pornos verzichteten – je nach Härtegrad des eigenen Experiments –, berichteten außerdem von einer Steigerung der Energie und Konzentration, von neu freigesetzter mentaler Fähigkeit, emotionaler Stabilität und einer steigenden Attraktivität für das andere Geschlecht sowie besserem Sex. Wahre Superkräfte also. Und Vince wünschte sich nichts sehnlicher, als sein Pornosuchthirn zurückzusetzen, ganz neu zu starten, um eine vielleicht irgendwann mögliche nächste Beziehung nicht genauso zu verbocken. Momentan war er allerdings in Phase eins, in der seine Eier prall gefüllt pochten und mit dem plötzlichen Verzicht so gar nicht klarkamen.

Drei Euro Siebzig zahlte er für den mittleren Becher Cappuccino, den er mit beiden Händen umschloss, um sie zu wärmen. Die silbergraue Rastermusterbank aus Metall, auf die er sich dann am Gate setzte, war verdammt kalt, deshalb fühlte sich bereits das Löffeln des lauwarmen Milchschaums an wie ein Saunagang. Als er dann den ersten Schluck des warmen Kaffees nahm, schloss er vor Genuss die Augen. Einfach lecker.

Manchmal brauchte es nur ein heißes Getränk und Wohlfühlsocken, schon war alles wieder gut – wenn so ein billiger Spruch doch nur wirklich funktionieren würde.

Nicht in seinem Leben.

»Mindestens eine Stunde Verspätung!« Mit diesen Worten ließ sich ein alter Mann neben seiner wartenden Ehefrau auf der Bank Vince gegenüber nieder.

»Was?«, war ihre kurze, aber überraschte Antwort.

»Ja, keine Ahnung. Ab zwei Stunden Verspätung stehen uns immerhin kostenlos Getränke zu«, erwiderte er und streichelte ihre Schultern.

Dieses Ehepaar hatte es einfach geschafft, dachte Vince, während er die beiden beobachtete. Vermutlich seit Ewigkeiten zusammen. Unglaublich vertraut und so niedlich, wie sie dort saßen. Wie es ihm gelungen war, die Situation mit einem einzigen Satz zu beruhigen. Wie sie das Ganze kurz darauf hinnahmen, er auf seinem Tablet Nachrichten las und sie weiter vor sich hin strickte. Um es in einem klischeehaften Filmsatz zu formulieren: Die Verspätung war kein großes Problem, weil sie eigentlich bereits am Ziel waren. Weil sie sich hatten.

Aber genug mit dem Kitsch, denn wie sich herausstellte, handelte es sich genau um den Flug, den auch Vince nehmen wollte. Zwar war nur ein Sandwich als Mahlzeit während des Fluges angekündigt worden, aber darauf hatte er sich verlassen. Jetzt musste er also doch aufstehen und irgendwo einen völlig überteuerten Burger kaufen.

Leicht genervt hielt er Ausschau nach einem Burger King, denn die Kette hatte derzeit den besten vegetarischen

Fast Food Burger im Angebot. Nachdem er den Laden entdeckt hatte, fuhr er mit der Rolltreppe nach oben und bestellte an einem der Touchscreens einen Rebel Whopper, eine mittlere Portion Pommes und eine Cola. Über zehn Euro gingen daraufhin von seiner Karte ab. Im Gegenzug bekam er einen Coupon mit der Wartenummer. Alternativlose Flughafenpreise, nice.

Ein paar Meter neben ihm standen drei sehr hübsche Blondinen, die allesamt graue Jogginghosen trugen – sie hatten es sich für die Reise gemütlich gemacht. Dieses Mal ertappte er sich nicht gleich dabei, dass er die drei viel zu lange anstarrte. Als dann aber eines der Mädchen zu ihm schaute und zu lachen begann, weil sie merkte, dass seine Augen an ihr hafteten, riss es ihn urplötzlich aus seinen Träumen.

Er wusste nicht genau, ob er rot wurde, seine Wangen fühlten sich jedenfalls unglaublich heiß an. Um Selbstsicherheit vorzutäuschen, lächelte er und fuhr sich mit der linken Hand durch die Haare, während er zeitgleich mit der anderen das Smartphone aus der Hosentasche zog und den Blick senkte.

»Uhhh, jetzt fährt er sich durch die Haare, um attraktiv zu wirken«, sagte eines der Mädchen, das durch ihre Freundin ebenfalls auf ihn aufmerksam geworden war.

Für eine Sekunde überlegte er, den Spruch einfach zu ignorieren, aber das fühlte sich falsch an. Also schaute er wieder hoch und ging auf die drei zu.

»Hey!«, sagte er mit einem Kopfnicken. Dann entschied er sich für ein Lächeln, das die drei erwiderten.

»Sorry, hab irgendwie geträumt«, fügte er schließlich hinzu, als sich das Lächeln langsam in eine unangenehme Stille verwandelte.

»Und wo fliegst du hin?«, fragte die Blonde, die er zu lange angeschaut hatte. »Ich bin übrigens Isabell.«

»Vince«, erwiderte er und reichte ihr die Hand. »Ich bin auf dem Weg nach Spanien, gehe dort ein halbes Jahr zur Schule. Austausch.«

»Uhhh, Spanien!«, sagte Isabells Freundin, die eben schon mal »Uhhh« gesagt hatte.

Vor allem die Art, wie sie es betonte, provozierte ihn. Vince machte zwei Schritte auf Isabell zu, schaute ihr einen Moment lang in die Augen und küsste dann ihre Lippen. Isabell schob ihre Zunge tief in seinen Mund, sie begannen, sich gegenseitig auszuziehen, kippten auf den dreckigen Boden der Flughafenhalle und hörten nicht auf, sich zu küssen. Er öffnete ihren BH und riss ihn von ihrem Körper. Ihre kleinen, aber wohlgeformten Brüste waren das Schönste, was er je gesehen hatte. Sie lächelte und küsste seinen Oberkörper.

Dann kam er wieder zu sich. Seine Eier platzten fast, und er hatte einen Steifen.

»Wir fliegen nach Malle. Deutscher Klischeeurlaub – aber ist ja nur einmal im Jahr.«

Alle drei kicherten.

Alter, was für ein notgeiler Sack kann man sein, dachte Vince und hasste sich dafür, innerlich schon wieder abgeschweift zu sein.

»Haha, aber an sich ist Mallorca auch echt eine schöne Insel. Ich war da tatsächlich mal wandern.«

»Uhhh, echt?«

Halt deine Fresse, dachte Vince.

»Ja, also wir sind jetzt auch nicht am Ballermann«, antwortete Isabell. »Meine Familie hat dort eine Finca. Da können wir für eine Woche wohnen.«

»Das klingt echt cool.«

»369?!«, brüllte die Mitarbeiterin an der Essensausgabe.

Vince stellte fest, das seine Nummer an den Bildschirmen über ihm leuchtete. Anscheinend schon seit einiger Zeit.

»Das ist für mich«, sagte er und deutete auf den Schalter.

»Na dann, lass es dir schmecken.« Isabell verabschiedete sich.

Ihre Hände berührten sich ein paar Sekunden zu lange, genossen die Berührung. Hier lag etwas in der Luft.

»Das mach ich. Und ich wünsch euch einen schönen Urlaub.«

Dann wandte sich Vince ab.

»Uhhh, da haben sich aber zwei gefunden«, hörte er Isabells Freundin hinter sich sagen, während er den fettigen Burger entgegennahm.

Kapitel 9

Jessica hatte ihn gebeten, sie beim Dreh ihrer ersten größeren Instagram-Kooperation zu unterstützen. Gemeinsam mit ihr drehte er eine Story, in der sie für einen Online-Erotik-Shop das Unboxing eines Adventskalenders durchführten. Vince kam an diesem Tag das erste und einzige Mal auf ihrem Kanal vor. Er hatte nicht das Bedürfnis, dort viel präsenter aufzutreten, aber die Leute feierten sie als junges Couple sofort – vor allem, als sie sich über die Sexspielzeuge unterhielten, die sie hinter den einzelnen Türchen hervorholten.

Für ihn war das Spannendste an dieser Werbekampagne, dass alle Adventskalenderinhalte nach dem Dreh in seinem Zimmer zwischengeparkt wurden. Wieder einmal war Vince von großer Neugier erfüllt. Er brannte unaufhörlich darauf, das eine oder andere Sexinstrument mit Jessica auszuprobieren. Zuerst witzelten sie nur damit herum, dann wurden sie immer euphorischer.

An einem dieser Nachmittage, als sie bei ihm rumhingen und es einfach genossen, nebeneinander auf dem Bett zu liegen und über belangloses Zeug zu labern, fragte er sie irgendwann, ob sie sich beim Sex von ihm fesseln lassen würde.

Jessica lachte, er merkte aber, dass es ein neugieriges Lachen war. »Ich hatte letztens wirklich einen Traum, an dem du mich ans Bett gefesselt hast«, hauchte sie ihm entgegen.

Er schätzte es, dass auch sie großen Spaß daran hatte, mit ihm neue Erfahrungen zu sammeln und neuen Stuff im Bett auszuprobieren. Und so kam es, dass sie völlig ungezwungen miteinander rummachten, bis er ihr rollenspielartig mitteilte, dass er sie leider bestrafen müsse.

Sie setzte sofort eine schüchterne, entschuldigende Miene auf und zog ihr Top aus.

»Es tut mir leid«, flüsterte sie ganz nah an seinem Ohr.

Er legte ihr die roten Stoffhandschellen an und befestigte sie am Bettpfosten. Dann beugte er sich zu ihren Ohren hinunter und knabberte an ihrem linken Ohrläppchen. Schließlich formte er seine Lippen so, als würde er gleich pfeifen, begann stattdessen jedoch, sachte in ihre linke Ohrmuschel zu pusten, so dass sie sich unkontrolliert schütteln musste.

»Hey, das kitzelt, Schatz.«

»Ich weiß.«

Während er noch einmal zum Pusten ansetzte, streckte sie ihre Beine von sich und trat hilflos mit ihren Füßen auf die Matratze, um das Gefühl der in ihr Ohr strömenden Luft auszuhalten. Beide mussten lachen und küssten sich dann erneut. Sein Mund wanderte zu ihrem Hals, über den er einige Zentimeter lang mit seiner feuchten Zunge fuhr, bevor er zu einem intensiven Kuss ansetzte. Parallel öffnete er ihren BH und starrte für einige Sekunden auf ihre wunderschönen Brüste. Sein Kopf glitt weiter nach unten, und er umkreiste ihren rechten Nippel mit seiner Zunge. Mit einer Hand knetete er gleichzeitig ihre linke Brust. Jessicas Hände schoben sich am Bettpfosten nach oben, und sie atmete sehr laut und intensiv aus.

»Sie sollten nie wieder etwas von mir klauen«, sagte Vince irgendwann und schaute ihr tief in die Augen.

»Wenn jeder Diebstahl für so eine Bestrafung sorgt, werde ich Sie bis zum Ende meines Lebens bestehlen«, antwortete sie schlagfertig.

»Das hier wird noch eine richtige Bestrafung. Keine Sorge.«

Mit diesen Worten setzte Vince den Womanizer aus dem Erotik-Shop auf Jessicas Klitoris auf.

Jessica biss sich nervös auf die Unterlippe und genoss die vom Womanizer erzeugten Saugeffekte.

Guter Sex ist elementar für eine Beziehung, davon war Vince fest überzeugt. Die Leute redeten die Bedeutung oft herunter und schoben Beziehungsprobleme auf schlechte Kommunikation, eine sinkende Wertschätzung des Partners oder egoistische Verhaltensweisen, auf Faulheit, was gemeinsame Haushaltstätigkeiten betraf, oder die Tatsache, dass man vom Partner erwartete, Lücken zu füllen und einem das Gefühl von Anerkennung zu schenken –, was jeder eigentlich nur durch Selbstliebe erreichen konnte, eine wichtige Basis für Beziehungsfähigkeit.

Aber wenn beide Partner wirklich im Leben standen und wussten, wer sie sind und was sie wollen, war eine wesentliche Komponente gemeinsamer Zufriedenheit definitiv der richtige Sex. Wenn beim Geschlechtsverkehr alles stimmte, war auch die Fähigkeit, Fehler und Unvollkommenheiten zu verzeihen, um ein Vielfaches höher, schlussfolgerte Vince und legte in seinem Kopf ein paar Regeln fest:

Sorge jeden Tag dafür, dass ihr euch gegenseitig geil findet.

Kämpfe gegen den ermüdenden Alltag.

Kämpfe gegen eine Routine, die Gefühle tötet.

Bleib aufmerksam.

Sei männlich.

SEI MÄNNLICH.

Er wollte Jessica nie verlieren. Vielleicht versuchte er auch deshalb, die Experimentierfreudigkeit im Bett stets voranzutreiben. Damit es nicht langweilig wurde.

Der Womanizer brachte Jessica heute das erste Mal in ihrer gemeinsamen Beziehung zu einem richtigen Orgasmus.

Sei männlich. Versager. Ein brummendes Gerät kann sie tausendmal besser befriedigen als du, Vince. Du bist langweilig. Redest davon, dass Sex elementar ist, und bist auf Hilfsmittel angewiesen.

In diesem Moment ließ seine Erektion nach.

Es war unglaublich erregend, dass sie gefesselt vor ihm lag. Aber seine Erektion verschwand.

Du kannst ihr die Handschellen abnehmen, Versager.

»Lass uns weitermachen. Ehrlich, ich kann auch mehrfach kommen!«, verkündete Jessica grinsend.

Vince starrte sie an. Sie war tatsächlich gekommen. Ihr erster Orgasmus in seiner Gegenwart war von diesem Gerät heraufbeschworen worden.

»Warum bist du so nachdenklich?«, fragte sie und kratzte mit ihren spitzen Fingernägeln über seine Oberschenkel.

Dann räusperte sie sich. »Ähm … Warum sind Sie so nachdenklich?«, korrigierte sie ihre Ausdrucksweise rollengemäß. »Sie müssen an Ihrer Bestrafung doch nicht zweifeln. Ich war kein braves Mädchen. Vielleicht sollten Sie mir den Hintern versohlen?« Sie fuhr entschuldigend mit dem Zeigefinger über ihre Lippen.

Er betrachtete sie weiter nachdenklich. Die ganze Situation machte Vince zwar an, und er wollte ihr so gern den Gefallen tun und sie dominieren, aber plötzlich war sein gesamtes Selbstvertrauen weg.

Vielleicht waren diese Sexspielzeuge ein Fehler?

Er überlegte kurz, ihr vorzuschlagen, ob sie ihn fesseln könnte. Er wollte in dieser Sekunde nichts mehr, als den dominanten Part abgeben, den Druck von sich wegschieben, die Männlichkeit von sich nehmen.

Wechselt doch einfach die Rollen.

Stattdessen packte er Jessica, drehte sie zur Seite und begann, den Erwartungen entsprechend, auf ihren Po zu hauen. Schließlich war auch seine Erektion zurück, und am Ende kam er heute sogar das erste Mal in ihr. Bei all den Malen zuvor hatte er auf den letzten Metern immer selbst Hand anlegen oder auf einen Handjob von Jessica zurückkommen müssen, aber heute kam er in seiner Freundin.

Ein gemeinsamer Erfolg.

Und sie waren danach beide glücklich.

Aber im Kopf von Vince herrschten dennoch Zweifel. Würde er Jessica überhaupt jemals bitten können, ihn zu fesseln?

Oder war das eine unmännliche Phantasie, die man höchstens von einer bezahlten Domina erwarten konnte? Männer mussten der aktive Part sein. Mehr im Bett leisten. Genau wie Männer bei einem Flirt die Frauen ansprechen mussten.

Und er war ein Mann.

Aber ein Mann, der seine Freundin nicht mal zum Höhepunkt bringen konnte.

Versager!

Kapitel 10

Die ranzige Kabine des Flughafen-WCs, in die Vince nach seiner Burgermahlzeit geflohen war, war wohl gestern zum letzten Mal flüchtig gereinigt worden. Nasses, abgerissenes Toilettenpapier der beinahe leeren einlagigen Rolle klebte auf dem vergilbten Fliesenboden und mischte sich mit dem gelösten Dreck der Schuhsohlen. Die dünne Holztür war voller wirrer Notizen in unterschiedlichen Sprachen.

Das hier ist ein internationaler Treffpunkt, dachte Vince und schmunzelte, während er seinen Schwanz mit einem Papier abtrocknete und es anschließend in die Toilette fallen ließ. Er war zum Pinkeln in die Kabine gegangen, weil sich vor den Pissoiren Urinpfützen gebildet hatten, in die er nicht treten wollte. Nun versuchte er, sinnvolle Sätze auf der Tür vor sich zu entziffern, aber nichts war so richtig lesbar.

Während er mit heruntergelassener Hose auf der Keramikschüssel saß, die er mit Papier ausgelegt hatte, kam ihm Isabell wieder in den Kopf. Um genau zu sein, dominierte sie seine Gedanken schon die gesamte letzte halbe Stunde wie ein Ohrwurm, der einfach nicht verschwand. Er wollte sich weiterhin beherrschen, umschloss gleichzeitig aber seinen Penis mit der rechten Hand. Sein Glied schwoll an, und er begann, die Vorhaut vor- und zurückzubewegen.

Nach drei sehr langsamen Bewegungen bekam er seine Finger wieder unter Kontrolle und zwang sich loszulassen. NoFap!

Seine rechte Hand wurde zur Faust, er reckte sie nach oben und starrte gleichzeitig nach unten auf seinen steifen Penis, der in Sekundenschnelle gefühlt so hart geworden war wie kaum jemals zuvor. Wenn er jetzt wichsen würde, hätte er mit Sicherheit einen ziemlich heftigen Orgasmus mit einer großen Menge Sperma.

Eine Explosion nach drei Wochen.

Aber er wollte nicht.

Jessica!

Schon gar nicht hier, wo vielleicht gerade jemand in einer Nebenkabine sein großes Geschäft verrichtete. Er wollte standhaft bleiben und seine Gedanken fokussieren.

JESSICA!

Er stellte fest, wie gelungen die Begegnung mit Isabell abgelaufen war. Er hatte mit dem genau richtigen Timing geflirtet und ein unangenehmes Anstarren in einen geglückten Gesprächsstart verwandelt. Wann gelang so etwas bitte? Irgendwie begann der dreiwöchige Verzicht auf Pornos und Onanieren tatsächlich, ihm eine neue Attraktivität und neue Energie zu verleihen, die ihn zwar zu einem Gaffer werden ließ, aber eben auch männlicher und geschickter machte. Verrückte Feststellungen.

Eigentlich wollte er überhaupt nicht mehr über Sex oder

irgendetwas, was damit zu tun hatte, nachdenken. Nicht nach allem, was mit Jessica passiert war. Was mit ihrer Beziehung passiert war. Und plötzlich sah er auch nicht mehr Isabell, sondern Jessica vor sich. Sofort übermannten ihn Trauer und Wut.

Sein Penis war innerhalb von Sekunden wieder auf Normalgröße zusammengeschrumpft. Er stand auf und zog die Boxershorts mitsamt Jeans nach oben, schob sein Glied etwas weiter in das linke Hosenbein und schloss dann Knöpfe und Gürtel. Er war ein Linksträger. Danach öffnete er das Schloss der Kabine, das zunächst etwas hakte, schnappte sich seinen an die Kabinenwand gelehnten Rucksack und eilte zu den Waschbecken.

Wie eigentlich immer in öffentlichen Toilette dauerte es einen Augenblick, bis er herausfand, wie der Wasserhahn funktionierte. Kein Bewegungsmelder, sondern ein fester Schlag obendrauf. Dann lief es. Er hielt die Hände unter den Strahl, wodurch das Wasser in einem großen Schwall über den Rand des Waschbeckens auf seine Hose und sein Oberteil schwappte. Genervt zog er seine Hände zurück und musterte die dunklen Flecken auf seiner Kleidung.

Danach musste er seine Hände auch noch an einer dieser widerlichen Vorrichtungen abtrocknen, aus denen ein Tuch hing, an dem man ziehen musste, was aber nur bedingt klappte, und das vermutlich schon ewig nicht mehr gewechselt worden war. Wer hatte das bitte erfunden?

In den nächsten Sekunden wurde ihm klar, dass er noch lange nicht über Jessica hinweg war. Sein Kopf hatte Isabell nicht zufällig wenige Sekunden nach der einsetzenden Geilheit wieder durch Jessica ersetzt. Nein. Er hatte Jessica nur beiseitegeschoben, sich selbst vorgemacht, schon etliche Schritte weiter zu sein.

Bevor er das WC verließ, wollte er auf seinem Handy noch einmal auf die Uhr schauen, und öffnete daraufhin automatisch – unbewusst – Instagram. Sofort kam der Schock: In seinem Feed blitzte ein Bikinifoto von Jessica auf. Nachdem alles öffentlich geworden war, hatte sie eine mehrwöchige Social-Media-Pause eingelegt. Aber hier war sie. Zurück. Sichtbar für alle.

O ja, sie hatte noch riesengroße Macht, ihn zu triggern. Und plötzlich war sie wieder zu einhundert Prozent präsent in seinem Kopf, da konnte er noch so zielstrebig versuchen, seine Gefühle und ihre Anziehungskraft durch Masturbationsverzicht von sich wegzuschieben. Oder durch random Girls am Flughafen. Das erste Bild nach der Pause war das freizügigste, das sie jemals auf Instagram veröffentlicht hatte, und während die Emotionen plötzlich nur so auf ihn einschossen, realisierte er, dass ihn dieser Post unfassbar provozierte. Er begann zu zittern. Das alles nach ihrem Gespräch, nach dem heftigen Shitstorm – und jetzt so ein Move?

Ich bin keine Schlampe, stand in der Caption. Die Kommentare waren deaktiviert.

Er versuchte zu verhindern, dass sich ihr Foto in seinen Kopf brannte, wollte sie aus seinem Kopf kriegen.

Sie kann ab jetzt machen, was sie will. Sie wollte deine Entschuldigung nicht. Du musst sie in Ruhe lassen. Heilung bedeutet, dass du nicht mehr auf sie stehst.

Zwing dich dazu, Vince.

Er verlor in diesem Moment die Kontrolle über sich und rannte zurück ins WC, tippte seine Standardpornoseite in das Browserfenster ein und nutzte die letzten MB des freien Flughafen-WLANs, um zwei Frauen dabei zuzusehen, wie sie sich gegenseitig die in Öl eingeriebenen Körper ableckten.

Du musst sie aus deinem Kopf bekommen.

Seine Hose glitt über die aufgeregt zitternden Oberschenkel, und er umschloss mit der freien linken Hand – die rechte hielt das Smartphone – seinen erigierten Penis. Dann sah er wieder Jessica in ihrem blauen Bikini vor sich. Es war genau der Bikini, den er ihr geschenkt hatte.

ICH HASSE DICH. WARUM MACHST DU DAS? Ich hab mich doch entschuldigt?

Er begann zu weinen. Wie unmännlich.

»Fick dich, Vince.« Will sie mir das damit sagen?

Ich denke nicht mehr an dich, Jessica.

Er spuckte leise etwas Speichel in die Handfläche und rieb sein Glied damit ein.

Die beiden Frauen lagen auf einem Kingsize Bett in

einem luxuriösen Hotelzimmer mit wunderschöner Aussicht durch eine riesengroße Glasfront, hinter der sich in der Dämmerung die Hochhäuser einer Großstadt stapelten. Blondes Haar. Sie sahen aus wie Topmodels.

Vince war sich ziemlich sicher, dass die Brüste der beiden Darstellerinnen nicht echt waren. Gleichzeitig war er sehr beeindruckt von ihren wohlgeformten, anziehenden Körpern.

Binnen Sekunden erhöhte er das Tempo, mit dem seine Hand die Vorhaut hoch- und runterbewegte. Die Erinnerungen an Jessicas nackten Körper schlichen sich in seine Gedanken, und er versuchte, die Bilder sofort wieder aus dem Kopf zu kriegen. Er hielt sogar den Smartphonebildschirm noch näher vor sein Gesicht.

Erst in diesem Moment realisierte er, dass er seine Noise-Cancelling-Kopfhörer trug. Hektisch riss er sie sich vom Kopf und stellte fest, dass sein Handy die Audiospur des Pornos in voller Lautstärke wiedergab. Disconnected. Das helle Stöhnen der beiden blonden Schönheiten hallte himmelschreiend laut durch das mit weißen Kacheln verkleidete WC. Was wohl die anderen Männer denken mussten, die sich gerade auf dieser öffentlichen Toilette erleichterten?

Vince stoppte das Video augenblicklich und lief kirschrot an. Die Situation war ihm so wahnsinnig unangenehm, dass er die Luft anhielt, um nicht weiter aufzufallen.

Stille.

Mindestens fünf Minuten saß er regungslos und mit heruntergelassener Hose in der Kabine und wartete.

Aus einer der anderen Kabinen hörte er während der Wartezeit, wie jemand die Spülung betätigte. Es folgte ein Räuspern, dann verließ die Person den Raum, ohne sich die Hände zu waschen.

Vince lauschte. Anscheinend hielt sich im Moment niemand an den Pissoiren auf. Schließlich konnte er sich überwinden, die Tür seiner Kabine zu entriegeln, und traute sich zurück ins Freie.

Der Raum war zum Glück tatsächlich menschenleer. Aber es stellte sich keine Erleichterung ein.

Der blaue Bikini. Dieses Foto. Diese Caption. WTF … Was hatte sie sich nur dabei gedacht?

Scheinbar versuchte sie, auf eine komplett neue Art mit der Situation umzugehen. Aber das durfte ihn nicht mehr berühren. Er brauchte Abstand, wollte sich verbieten, von nun an noch weiter ihre Social-Media-Präsenz abzuchecken.

Gänzlich gegen seinen Wunsch klickte er trotzdem auf ihre Story, in der Jessica auf einem schwarzweißen Foto »NEUSTART« geschrieben hatte.

Neustart ohne mich, dachte Vince.

Und ich brauche den Neustart ohne dich.

Noch fünf Minuten bis zum Boarding.

Kapitel 11

Selbstbefriedung war etwas, das – wie das Wort schon sagt – jeder mit sich selbst ausmachte. Er genoss es aber auch, wenn sie ihm mit der Hand einen runterholte. Um ehrlich zu sein, war die Rangfolge seiner liebsten sexuellen Aktivitäten mit Handjobs auf Platz 1 geschlossen – sich voreinander selbst befriedigt hatten sie sich allerdings noch nie.

Aus diesem Grund war die Situation auch ein bisschen unangenehm, als sie sich nun vollständig entblößt gegenübersaßen und anstarrten. Jessica hockte auf dem Bett, während er auf dem kalten Schreibtischstuhl Platz genommen hatte. Die Heizung war auf fünf aufgedreht.

»Und jetzt?«, fragte Jessica ihren experimentierfreudigen Freund.

Vince lächelte. »Keine Ahnung. Ist schon irgendwie komisch.«

»Kannst du wenigstens ein bisschen Musik anmachen?«

»Damit wir nicht hören, wenn meine Mum nach Hause kommt?«

»Ich dachte, die ist übers Wochenende weg?«

»Ja.«

Vince drehte sich auf seinem Stuhl zur Seite und entsperrte den PC. Er überlegte, welche seiner Spotify-Playlists zu diesem Anlass am besten passte und wählte eine aus, die er vor etwa einem Jahr »Chill Mix« getauft hatte.

»So, damit du mal in Stimmung kommst«, sagte er ironisch.

»Schon krass, dass dir nicht mal mein Anblick reicht, um eine Erektion zu bekommen«, entgegnete sie schlagfertig.

»Da muss schon ein bisschen mehr passieren«, flüsterte er augenzwinkernd.

»Ich darf ja nichts machen, Schatz.«

»Stimmt«, sagte er lachend und begann, sich selbst an den Brustwarzen zu berühren.

Sie steckte sich den Zeigefinger der rechten Hand in den Mund und lutschte daran, dann führte sie ihre Hand an ihrem Bauch entlang nach unten.

»Irgendwie hat Selbstbefriedigung etwas sehr Trauriges, wenn man zu zweit ist«, hauchte sie Vince entgegen.

Er grinste.

»Tom hat mir halt erzählt, dass er das mit Jenny schon super oft gemacht hat.«

»Ah, danke, jetzt sehe ich Jenny gleich mit ganz anderen Augen.«

»Streiten wir uns jetzt echt, während ich wichse?«

Jessica ließ sich nach hinten aufs Bett fallen und schloss die Augen. Ihr rechter Zeigefinger streichelte mit sanftem Druck die Klitoris. Sie stöhnte in regelmäßigen Abständen.

Vince musterte ihren wunderschönen Körper, den er in diesem Moment nur zu gern berührt hätte. Seine Vorhaut bewegte er dennoch kontrolliert langsam, um die besondere Situation auszukosten.

In diesem Moment richtete sich Jessica wieder auf und schaute ihm tief in die Augen. Sie berührte ihre Brüste und rieb daran, um sich kurz darauf auf dem Bett umzudrehen. Sie streckte Vince ihren Po entgegen und wackelte damit, während sie weiterhin damit beschäftigt war, ihre Klitoris zu massieren.

Vince stand jetzt vom Schreibtischstuhl auf und onanierte im Stehen. Seine Zehen verkrampften sich etwas auf dem kalten Parkettboden, seine Atmung hob sich. Plötzlich löste er abrupt die Hand vom Penis, um noch nicht zu kommen. Er legte sich zu Jessica aufs Bett, die sich so hindrehte, dass sie jetzt auf dem Rücken direkt neben ihm lag.

Sie drehten die Köpfe zueinander und hatten sich fest im Blick, während sie sich gegenseitig ins Gesicht atmeten.

»Ich liebe dich«, flüsterte sie.

»Und ich liebe dich.«

Dann berührte sie seine Hand, die fest den Penis umschloss. »Lass mich weitermachen.«

Er zögerte kurz, löste dann die Finger und ließ sie übernehmen. Jessica kuschelte sich etwas näher an ihn und rieb ihre Vagina an seinem rechten Oberschenkel, während sie ihm einen runterholte.

Vince konnte ein Grunzen nicht unterdrücken, woraufhin Jessica einen Lachanfall bekam. »Was war das denn?«

Er wiederholte das Grunzen ironisch überspitzt noch einmal deutlich lauter und biss ihr vorsichtig in den Hals.

Jessica reagierte mit einem Lachen, und auch Vince lachte. Dann konzentrierten sie sich wieder, bis er kam und auf ihren Bauch spritzte. Für einige Minuten kuschelten sie miteinander, lagen reglos da und genossen die Wärme ihrer Körper. Dann sprang Jessica auf und eilte über den Flur ins Badezimmer, wo sie die weiße Flüssigkeit von ihrem Körper spülte. Danach trank sie ein paar Schlucke Wasser und kam zurück.

Vince lag unter der Bettdecke in dem mittlerweile irre aufgeheizten Zimmer, während die Heizung weiterhin auf Höchststufe lief. Er hatte sein Smartphone entsperrt und scrollte durch seinen Twitter-Feed. Eine belastende Sea-Watch-Mitteilung über im Mittelmeer in Seenot geratene Flüchtlinge blitzte auf. Sie kroch zu ihm unter die Decke, kuschelte sich wegen der hohen Temperaturen aber nicht wieder direkt an, auch wenn sie das nach dem Sex eigentlich gern tat. Er legte sein Handy zur Seite, drehte sich zu seiner Freundin und blickte ihr tief in die Augen.

»Du hast wieder diesen nachdenklichen Blick«, stellte sie fest.

»Wir müssen einen Urlaub machen«, antwortete er.

»Das wäre so nice! Einfach mal zwei Wochen komplett

entspannen. Wir könnten ja in den Osterferien irgendwohin fliegen«, schlug sie vor.

»Ja, da habe ich auf jeden Fall noch nichts groß vor. Ich hol mal meinen Laptop, dann können wir uns was raussuchen.«

»Aber bitte getrennte Hotelzimmer, okay? Ich möchte nicht, dass die Öffentlichkeit denkt, wir wären ein Pärchen«, sagte sie in ernstem Ton.

»Klar, verstehe ich voll!«, antwortete er lächelnd.

Kapitel 12

Das, was sie fühlten, musste wahre Liebe sein. Er fühlte sich jeden Tag überglücklich und genoss seinen neuen Status der Zufriedenheit mit ihr, den er so noch nie in seinem Leben empfunden hatte. Mittlerweile übernachteten Jessica und er beinahe jeden Tag beieinander und hielten es kaum aus, sich für ein paar Stunden nicht zu sehen.

Heute musste Vince erst zur dritten Stunde zum Unterricht. Jessica war allerdings schon ganz früh aus dem Haus verschwunden, weil ihr Schultag mit einer Klausur begann. Sie hatte ihn schlafen lassen, ohne sich zu verabschieden. Nachdem sein Wecker dann auch irgendwann geklingelt und ihn aus dem Schlaf gerissen hatte, ertappte er sich dabei, wie er unbewusst an einem ihrer Tops roch, das sie bei ihm auf dem Schreibtischstuhl vergessen hatte. Er wusste, dass sie gerade parallel dazu in der Schule in einem seiner Pullover herumlief – ein Glücksbringer für die Klausur. Es war der blaue Kapuzenpullover, den er ihr schon auf ihrem allerersten Date geliehen hatte, als ihr kalt geworden war. Sie hatten sich an diesem Abend eigentlich nur auf einen Kaffee verabredet, waren danach aber noch stundenlang an der Spree spazieren gewesen. Jap, das war die mega Klischee-Story, aber als Jessica sich während der kleinen Wanderung schließlich die Kapuze des Pullovers übergeworfen hatte, wodurch ihr niedliches Gesicht noch mehr betont wurde, hatte er gleich bei diesem ersten Treffen festgestellt, dass sie die Frau seines Lebens sein könnte.

Jetzt waren sie seit vier Monaten zusammen, und in wenigen Wochen stand ihr erster gemeinsamer Urlaub an. Ihr Beziehungsleben ging Schritt für Schritt voran. Auch ihr Sexleben hatte mittlerweile eine angenehme Routine entwickelt. Sie waren weiterhin sehr geil aufeinander, aber mittlerweile hatte ihr Zusammensein eine Tiefe erreicht, die weit über das Bedürfnis nach Sex hinausging. Vince schätzte jede Unterhaltung mit Jessica, liebte die emotionale Nähe zu ihr und die Tatsache, dass er ihr alles anvertrauen konnte. Sie wussten mittlerweile so viel übereinander wie kein anderer, tauschten sich über alles aus und redeten oft bis tief in die Nacht über ihre Kindheit, ihre Familie, über Freunde und was sie im Leben erreichen wollten.

Und dennoch wollte Vince sich der Routine nicht hingeben. Er bekam sofort eine Erektion, als er sich ausmalte, seinen Plan für den heutigen Abend mit Jessica wirklich in die Tat umzusetzen. Darüber nachgedacht hatte er schon seit zwei Wochen, sich aber nicht getraut, seiner Freundin die Idee wirklich vorzuschlagen. Jessica generierte verlässlich ein paar Einnahmen durch den einen oder anderen Werbepost auf Instagram, aber er hatte da dieses Video gesehen, das ihm nicht mehr aus dem Kopf ging – die perfekte Möglichkeit, noch ein bisschen Geld für die eine oder andere Aktivität im anstehenden Urlaub zu verdienen, so dass sie neben dem Aufenthalt in einem Fünfsternehotel vielleicht auch noch Jet Ski oder Quad fahren konnten.

Und es war ja auch nichts dabei, weil sie anonym bleiben würden.

Darauf gestoßen war er an einem ganz normalen Schultag. Er hatte sich in der viel zu langen Mittagspause, in der er sich selten etwas zu essen in der Cafeteria holte, auf die Schultoilette geschlichen, um sich einen runterzuholen. Die Pornodarstellerin, die er bei dieser Session entdeckte, wirkte supernatürlich und sympathisch und verwies auf ihrem Profil zusätzlich auf eine Instagram-Präsenz, die er, nachdem er gekommen war, interessiert checkte. Auf ihrem Instagram-Profil, auf dem sie sich vor allem in diversen Spiegel-Selfies präsentierte, verwies sie wiederum auf ihren YouTube-Kanal, auf dem sie drei FAQ-Videos veröffentlicht hatte.

Vince hatte sich eines davon komplett angesehen und musste seitdem ständig daran denken. Sie erklärte darin, wie sie mit ihrer Karriere begonnen hatte. Dass sie sich selbst ein Profil auf einer Camshow-Plattform angelegt hatte und dort zunächst jede Woche einmal live gegangen war, um ihren Körper zu zeigen – immer so, dass man ihr Gesicht nicht sah und sie daher auch nicht identifizieren konnte. Genauso wie ihre Partner, mit denen sie in den

Streams Sex hatte. Ihrer Meinung nach eine viel zu selten genutzte Möglichkeit, easy Geld zu verdienen, wenn man einen einigermaßen trainierten Körper hatte.

Und ihre Argumentation überzeugte Vince. Als er daraufhin noch am gleichen Tag aus Fun nachschaute, was man alles angeben musste, um ein Profil auf einem solchen Portal zu erstellen, schreckte ihn zunächst ein geforderter Personalausweisnachweis ab, der verifizieren sollte, dass die Person, die sich hier für Streams anmeldete, volljährig war. Sicher war es nicht die ganz feine Art, aber um diese Kontrolle zu umgehen, nutzte er schließlich eine Personalausweiskopie seines Bruders, die er seit einer Urlaubsbuchung vor drei Jahren noch in seiner Google-Drive-Ablage herumfliegen hatte. Seit sein Bruder in München lebte und für seine Businesstätigkeit als Fondsmanager seine gesamte Freizeit opferte, hatten sie nicht mehr viel Kontakt. Würde schon niemand nachprüfen, hatte sich Vince beruhigt. Er fand den Gedanken viel zu spannend, Jessica in den kommenden Tagen dazu zu überreden, mal gemeinsam einen Stream auszuprobieren, in dem sie sich natürlich niemals ganz zeigen würden.

Zwei Wochen waren seitdem vergangen, die Idee war aber noch immer genauso präsent und frisch in seinem Kopf wie am ersten Tag.

Und heute wollte er es endlich durchziehen. Er würde seine Freundin darum bitten, gemeinsam mit ihm als neue, mega aufregende Erfahrung live vor der Webcam Sex zu haben. Er hatte einen perfekten Plan. Jessica und er konsumierten nur sehr selten Gras, aber nach der Schule würde er heute vom Dealer aus dem Abschlussjahrgang einen Joint kaufen und vielleicht auch noch eine Flasche Wein aus dem Supermarkt holen. Seine Mutter war wieder einmal für ein paar Tage bei ihrem Freund, so dass sie zu Hause freie Bahn hatten. Wenn sie in Richtung seines Bettes filmten, würde sein Zimmer auch so random Ikea-mäßig aussehen, dass es niemand wiedererkennen dürfte. Der alles entlarvende Bilderrahmen mit den Couple-Fotos von Jessica und ihm, der auf seinem Nachttisch stand, wäre schnell beseitigt.

Jetzt noch irgendwie den Schultag hinter sich bringen und dann eine geisteskrank heftige Erfahrung machen. Er konnte seine Aufregung kaum in Worte fassen. Wenn sie damit dann auch irgendwann noch Geld verdienen könnten … Wobei das ehrlich gesagt ein Nebenfaktor war. Ihm ging es primär um den Nervenkitzel, sich vor Hunderten Leuten nackt mit seiner Freundin im Internet zu zeigen. Vielleicht würde es ja auch ein spannendes Feedback zu ihren Körpern geben. Zu seinem Penis. Und es wäre noch dazu eine »Next Level Influencer«-Erfahrung für Jessica, die sowieso bereits einen Großteil ihres Privatlebens im Netz teilte. Zum Glück hatte sie sich noch nicht ihr Wunschtattoo auf die Innenseite ihres Oberschenkels stechen lassen. Das wäre dann doch ein konkreterer Hinweis gewesen, an dem man sie hätte wiedererkennen können. Als weitere Vorsichtsmaßnahme stellte Vince an diesem Morgen auf der Plattform noch vor Schulbeginn ein, dass ihr Stream in alle Länder außer Deutschland übertragen werden sollte. Falls jemand aus ihrem näheren Umfeld zufällig auf der Seite unterwegs war. Wie viele seiner Freunde sich wohl Camshows reinzogen?

Vermutlich mehr als er dachte.

Der Schultag verging wie im Flug. Und dann war es so weit.

Er zündete den Joint am angekippten Fenster an, während er und Jessica auf seinem Schreibtisch saßen. Er hatte ihr soeben ausführlich von seiner Idee erzählt und überspielte nun mit Gelassenheit, dass er wie verrückt auf ihre Antwort wartete.

Sag ja, sag ja, sag ja.

»Und du willst das wirklich machen?«, fragte sie skeptisch.

»Ja, ich meine, es ist echt nichts dabei. Es wäre zum Beispiel viel schlimmer, wenn irgendjemand unser Sex-Tape finden würde. In dem Stream kann uns ja niemand erkennen«, erklärte er.

»Okay, nur mal angenommen, wir machen das …«

YES. YES. YES.

»Was genau würde man dann von uns sehen?«

»Also ich würde die Kamera so einrichten, dass unsere Körper ab dem Hals abgeschnitten werden. Wir können ja auch erst mal nur eine Stellung machen, also du liegst auf dem Bett, ganz normal, und ich –«

»Und wer schaut da genau zu?«

»Irgendwelche random Leute.« Er zog am Joint und reichte ihn daraufhin grinsend seiner Freundin.

Jessica ließ ihren Blick einmal komplett an ihm entlangwandern. »Oder wir fangen einen normalen Nebenjob im Supermarkt an«, urteilte sie und nahm jetzt auch einen Zug. Sie hustete etwas, zog aber gleich noch einmal.

»Mir geht's da gar nicht so ums Geld, Schatz. Ich finde das einfach superwitzig. Ich meine, wer macht so was schon?«

»Ja, Vince, wer macht so was schon?!«

»Ach, jetzt komm schon. Du kannst ja auch einen Link in deine Instagram-Story posten, dann kann deine Community zuschauen.«

Mit diesem Satz gelang es ihm, Jessica zum Lachen zu bringen. Er strich ihr die Haare aus dem Gesicht.

»Nein, keine Sorge, ich habe das so eingestellt, dass niemand aus Deutschland zusehen kann.«

»Okay.«

Hatte sie das gerade wirklich gesagt?

War dieses verhaltene »Okay« ein JA?

Er reichte ihr mit gerunzelter Stirn erneut den Joint. Jessica nahm noch einen großen Zug, dann machte Vince den halb aufgerauchten Joint wieder aus, um die zweite Hälfte für einen späteren Zeitpunkt aufzubewahren.

Stille.

Sie zog seinen blauen Kapuzenpullover aus.

»Soll ich mit oder ohne BH zu sehen sein?«, fragte sie.

Er konnte sein Glück kaum fassen und knutschte sie voller Euphorie ab. Sie machte jedes Abenteuer mit! Solange sie sich hatten, konnte ihnen nichts passieren. Ihre Welt war unantastbar. Und alles andere war egal. Sie hatten sich, das war alles, was zählte. Sie waren bereit für dieses neue Spiel.

Vince baute seinen Laptop auf dem kleinen Tisch vor dem Bett auf und steckte das Ladekabel in den Rechner, um sicherzugehen, dass der Akkustand während ihres geplanten Streams nicht zum Problem werden konnte.

Jessica platzierte sich nackt auf dem Bett, so dass man nur ihren Körper ohne Kopf sah. Sie war sehr aufgeregt, auf Grund des gerauchten Joints aber gleichzeitig auch gelassen.

Es dauerte etwa eine Viertelstunde, bis Vince alles eingerichtet hatte. Mehr und mehr verstand er das Prinzip, dass sie sogar einen Timer laufen lassen konnten, der das Ende ihres Streams ankündigen würde. Und da er das Profil bereits mit seinem Paypal-Konto verknüpft hatte, konnten die Leute sogar vor dem Ende des Countdowns, der durch einen lauten, sich immer schneller wiederholenden Piepton angekündigt würde, Geld zahlen, damit der Stream noch weiterlief.

Und drei, zwei, eins … Los geht's!

Als die Seite die Verbindung zur Cam aufbaute, lag Jessica zunächst allein im Bett.

Null Zuschauer. Jede Sekunde fühlte sich an wie eine unwirkliche Ewigkeit. Aber das hier war Realität. Dieser Stream fand wirklich statt.

Jessica schaute verwirrt zu Vince, der nun auch ins Bild kam und eine Calvin-Klein-Boxershorts trug. Sie schwieg und schaute unsicher zur blau blinkenden Webcam.

Vince hingegen versuchte, in seinem mittelmäßigen Englisch auf die ersten Kommentare der plötzlich dreizehn Zuschauer einzugehen, die sich gerade im Stream befanden. Als Profilbild hatten sie ein After-Sex-Selfie von sich gewählt, das Vince aber so zugeschnitten hatte, dass man nur ihre Oberkörper sah.

»Yes, we are a couple«, erklärte er und verstellte seine Stimme etwas, so dass sie rauer klang. Er berührte Jessicas nackten Oberschenkel und streichelte sie.

»Of course we can kiss each other«, krächzte Vince dann etwas übereuphorisch und gab Jessica einen Kuss, den man im Stream aber nur hören konnte.

Daraufhin mussten sie beide lachen.

Er begann, Jessica zu fingern.

Parallel landeten die ersten fünfunddreißig Euro auf seinem Konto, die sich aus mehreren kleinen Spenden und Chatfreischaltungen zusammensetzten.

Fünfhundert Euro überwies kurz darauf ein User mit dem Namen »suggardaddy52«, der im Chat unerbittlich nach Analsex verlangte.

Kapitel 13

Abhauen.

Weg von ihr.

Weg von hier.

Neuanfang.

Durch diesen Wunsch war er nun also in Málaga gelandet, saß jeden Abend mit seiner spanischen Gastfamilie am Esstisch und aß Tortilla, Paella oder irgendein anderes traditionelles Gericht. Die Konversation lief weitestgehend auf Englisch ab, alle bemühten sich. Hin und wieder verfiel nur Mutter Martina ins Spanische, entschuldigte sich aber meist schon kurz darauf mit einem aufgeregten Lächeln bei Vince.

Seit einer Woche lebte er nun bereits in diesem kleinen, aber sehr gemütlich eingerichteten Haus, und bis jetzt hatten er und seine neue Familie auf Zeit jeden Tag gegen zweiundzwanzig Uhr gemeinsam zu Abend gegessen.

Ja, gegen zweiundzwanzig Uhr. Das machte man hier so.

Sie hatten immer exakt die gleichen Plätze. Mutter Martina saß am Tischende, damit sie einen möglichst kurzen Weg in die Küche hatte, um im Laufe der frühen Nacht zunächst Nachschlag und schließlich Nachtisch zu holen. Eine klassische, vielmehr veraltete Rollenverteilung. Vater Alvaro saß rechts von ihr. Er war nicht sonderlich gesprächig und ließ sich, als wäre es selbstverständlich, jeden Tag aufs Neue von seiner Ehefrau bedienen. Sein Auftreten entsprach wohl am ehesten dem eines Deutschen zu dieser Tageszeit. Er hatte bisher jeden Abend sehr schläfrig gewirkt und schaufelte das Essen auch jetzt schweigend und schnaufend in sich hinein.

Und dann waren da die beiden Kinder, die auf der Tischseite gegenüber saßen. Mia war erst vierzehn, und auch wenn es einen komischen Beigeschmack hatte, so etwas zu sagen, bemerkte Vince, dass die Pubertät bei ihr bereits voll eingesetzt hatte. Er war beeindruckt von ihrer für dieses Alter sehr üppigen Oberweite. Er fand Mia zwar nicht in der Hinsicht anziehend, mit ihr schlafen zu wollen, aber er war sich sicher, dass aus ihr eine sehr attraktive Frau werden würde. Sie konnte auch jetzt schon ohne Zweifel als Schönheit beschrieben werden.

Dann war da noch Luis, mit dem Vince gemeinsam die Schule besuchte. Zum Glück verstanden sich die beiden von Anfang an sehr gut. Luis hatte schwarze Haare, rehbraune Augen und einen leichten Oberlippenbart. Seine Statur war recht dürr, er wirkte aber dennoch sportlich.

Da Vince' normaler Alltagsrhythmus an diesem neuen Ort durch die im Vergleich zu seiner Heimat deutlich verschobenen Essenszeiten vollständig durcheinandergeraten war, hatte er sich auch schnell daran gewöhnt, im Anschluss an das späte, warme Essen noch mit Luis ins Fitnessstudio zu gehen. Insgeheim freute er sich inzwischen sogar darauf. Das gemeinsame Work-out war eine angenehme Abwechslung zum Tennisspielen in Deutschland und half ihm, den Kopf freizubekommen. Nicht an Jessica denken.

Der gemeinsame Weg zu Fuß durch die warme Abendluft war vor allem auf Grund der Gespräche bisher immer sehr angenehm gewesen. Luis und er hatten eine Menge gemeinsam. Sie kamen beide frisch aus einer Beziehung, weshalb sie sich sehr gut über die Vor- und Nachteile des Singledaseins unterhalten konnten –, auch wenn Vince ihm die Geschichte über sein ganz besonderes Beziehungsende bisher noch nicht vollständig anvertraut hatte. Sie hörten sehr gern Filmmusik, auch Luis war ein riesengroßer Fan von Ludovico Einaudi, und sie waren beide süchtig nach Serien. Aus diesem Grund wurden die Nächte meistens noch kürzer, weil sie im Anschluss an die Sporteinheiten noch bis zu später oder schon wieder früher Stunde Netflix schauten.

Dass Vince nach dem Aussetzer am Flughafen am Tag der Anreise – bei dem er aber immerhin wegen seines Noise-Cancelling-Missgeschicks nicht gekommen war – auch in dieser Woche noch nicht gewichst hatte, lag nicht zwingend an seinem Durchhaltevermögen. Es war vor allem der Tatsache geschuldet, dass Luis und er im gleichen Zimmer schliefen und er somit gar nicht in Versuchung kam, weil es vor dem Einschlafen keine Gelegenheit dazu gab, ohne unangenehm aufzufallen. Luis schlief in seinem Einzelbett und Vince ziemlich notdürftig auf einer ins Zimmer gestellten alten Schlafcouch, die bei jeder Bewegung laute quietschende Geräusche von sich gab.

Dazu kam die auf das späte Schlafengehen zurückzuführende kurz kalkulierte Zeitspanne zwischen Aufstehen und Schulbeginn, so dass ihm auch gehetzt unter der Dusche nicht groß die Möglichkeit blieb, sich selbst zu befriedigen. Hin und wieder hatte Vince während des Unterrichts, bei dem er von dem schnell gesprochenen Spanisch nur geringfügig etwas verstand – er hatte in Deutschland bisher nur einen Anfängerkurs belegt –, ein leichtes Bedürfnis empfunden, aufs Klo zu gehen, um dort dem Druck nachzugeben und zu onanieren. Aber es gelang ihm ohne großen Aufwand, die sexuellen Gedanken in diesen Momenten schon beim Aufkeimen direkt wieder von sich wegzuschieben. Vielleicht war er nach dieser weiteren NoFap-Woche wirklich schon etwas abgestumpft. Er konnte sich nicht mal richtig ausmalen, je wieder etwas mit einem Girl zu haben. Nein. Wenn überhaupt, käme nur eine in Frage – und das war ausgeschlossen. Für immer. Nicht nach allem, was passiert war.

Luis hatte seine Freundin verloren, weil sie ihn als zu knochig empfand. Kein Scherz. Es hatte eine Weile gedauert, bis er den Grund richtig ins Englische übersetzen konnte, aber als Vince ihn endlich verstanden hatte, realisierte er sofort, dass sein Gastgeber noch nicht über seine große Liebe hinweggekommen war. Warum gingen sie sonst wohl konsequent jeden Abend ins Fitnessstudio, wo Luis dann wie ein Wildgewordener von Gerät zu Gerät stürmte? Sie hatte ihm gesagt, dass sie sich nicht richtig in ihn verlieben könne, weil es nicht gemütlich genug sei, sich an seiner Schulter anzulehnen. Sie würde die Knochen spüren, und es sei zu hart.

Das waren also echte Alltagskonsequenzen einer zu schmächtigen Körperstatur – nicht nur, dass man sich beim Ausziehen gegenüber der Partnerin ein wenig unwohl fühlte, wenn man kein Sixpack präsentieren konnte – man konnte auch als Kuscheloption durchfallen. Eigentlich, überlegte Vince, wäre es auf Basis dieser Argumentation sinnvoller, sich eine kleine Portion Speck anzufuttern, denn Muskeln waren ja nun auch nicht unbedingt weich und angenehm.

Als er Luis diesen Gedanken mitteilte, zuckte der nur mit den Schultern und stopfte sich nach der deftigen Tortilla-Mahlzeit gleich noch einen großen Proteinriegel in den Mund. Superfood.

Im Fitnessstudio bemerkte Vince nach den vielen Trainingseinheiten heute plötzlich sehr große Fortschritte. Von seiner Steigerung beim Bankdrücken war auch Luis beeindruckt, den er mit den neuen Gewichten sogar übertrumpfen konnte. Es war Vince gelungen, seine sexuelle Energie, die zuvor mit jedem Masturbationsorgasmus sinnlos verpufft war, direkt in sportliche Höchstleistungen zu verwandeln. Wie sinnvoll das alles letztlich wirklich sein würde, vermochte er in diesem Moment noch nicht zu sagen. Während eines jeden Selbstbefriedigungskontrollverlusts wurden schließlich auch immer Glückshormone ausgeschüttet. Außerdem diente es dem Stressabbau. Er war aktuell zwar nicht gestresst, aber dieses ekelhafte und allzu präsente Gefühl der Leere nahm ihn immer mehr ein. Wenn ein Mensch begann, Liebe und Bedürfnisse von sich wegzuschieben, konnte das langfristig nicht gesund sein.

Das Training aber war definitiv gesund, und vielleicht war die NoFap-Erfahrung ja vor allem auch dann ein Erfolgsgarant, wenn man sie nur für einen bestimmten Zeitraum durchzog. So machten es ja viele Teilnehmer der Bewegung auch. Ein sexueller Reboot würde als Ziel irgendwann erreicht sein, und das neu belebte Männchen wäre daraufhin wieder vollständig bereit, sich in hoffentlich erfüllenderer Hinsicht einem Weibchen hinzugeben. Ohne Pornos. Ohne Sucht. Kontrolliert und nicht triebgesteuert. Mit einhundertprozentiger Männlichkeit.

Vielleicht nur eine unrealistische Utopie. Vor allem aber für Vince leider nicht der alles lösende Erfolg, weil ihn dieses Experiment emotional nicht rebooten konnte. Nichts und niemand konnte ihn emotional rebooten. Das, was mit Jessica passiert war, hatte eine tiefe Aussichtslosigkeit hervorgerufen. Unlösbar. Basierend auf Pornos. Voller Sucht. Unkontrolliert und triebgesteuert. Stets darauf bedacht, Zweifel an seiner Männlichkeit hervorzurufen.

Während Luis bereits in der Gemeinschaftsdusche verschwand, war Vince noch dabei, sich auszuziehen. Generell fand er es etwas angenehmer, wenn sie nicht nebeneinander unter der Dusche standen. Um die kurze Wartezeit zu überbrücken, schaute er auf sein Handy und öffnete Instagram, ohne es bewusst zu wollen.

Nach ihrem Bikinifoto hatte Jessica zunächst wieder eine Pause eingelegt. Wahrscheinlich waren die DMs, die sie daraufhin bekommen hatte, zu vernichtend gewesen, auch wenn sie die Kommentare als Feedbackoption unter dem Post präventiv ausgestellt hatte, damit der öffentliche Shitstorm auf ihrer Präsenz nicht komplett eskalierte. Nichts war aktuell relevanter als die Social-Media-Moves von Jessica. Seiner Exfreundin. Starzoom-Mitarbeiter statteten ihren Profilen jeden Tag einen Besuch ab, hungrig auf der Suche nach neuen Videotiteln und Schlagzeilen. Auch er wartete hilflos auf ein Lebenszeichen von ihr – und dazu blieb ihm ebenso nur die öffentliche Instagram-Präsenz. Privat würde sie mit Sicherheit keinen Kontakt zu ihm suchen. Nicht nach der Wut und der Trauer, die sie in ihrem letzten Gespräch fassungslos deutlich gemacht hatte. »Du entschuldigst dich bei mir?!«

Ihm lief ein kalter Schauer über den Rücken, und er begann zu zittern. Es war passiert. Vor wenigen Minuten hatte sie einen neuen Versuch gewagt und etwas in ihrer Story veröffentlicht.

Vince zögerte, versuchte, dem Drang zu widerstehen, die neuesten Slides anzuklicken. Immerhin war es ihm bisher gelungen, der Versuchung zu widerstehen, sich noch einmal unter ihrem Account anzumelden. Wahrscheinlich hatte sie das Passwort sowieso geändert, warum sollte ihr Exfreund auch noch Zugriff haben? Aber er mochte den Gedanken, sich dort vielleicht noch anmelden zu können, und wollte die Illusion nicht zerstören.

Schließlich tippte Vince auf die Story, und eine Unmenge an Slides kündigte sich oben in der Leiste an. Alle Snippets waren in einen schwarzweißen Filter getränkt, und Jessica wirkte sehr traurig. Sie war für diese Aufnahmen nicht geschminkt oder zurechtgemacht und kauerte in Jogginghose auf ihrem Bett.

Nur mit einem Handtuch um die Hüfte gewickelt, setzte sich Vince auf die Bank in der Umkleide und starrte auf sein Smartphone. Er schaute sich noch einmal um, falls Luis vielleicht schon aus der Dusche zurückkam, denn er hatte ihm bisher lediglich erzählt, dass er eine Exfreundin hatte, aber nicht, um wen es sich dabei handelte oder wie sie sich getrennt hatten. Luis glaubte außerdem, dass Vince gar keinen eigenen Instagram-Account hatte. Niemand hier in Malága wusste davon. Von seinem unprominenten Profil wäre es nämlich nicht weit zu einem der aktuell am häufigsten aufgerufenen Profile Deutschlands. All die Markierungen von Jessicas Fan-Pages, auch wenn er nur einmal in einem Stream aufgetaucht war, und all die neuen Reaktionen, die durch den Leak sicher auch in seinem Postfach nur so einprasselten, hätten ihn sofort verraten. Er hatte bisher auch noch nie auf Nachrichtenanfragen geklickt, weil er sich dem Wirrwarr der jungen überforderten Konsumenten nicht hingeben wollte. Vor allem genoss er es aber, dass er auf Grund seiner Diskretheit hier in Malága nicht wie ein Triebtäter angesehen wurde. Es hatte zwar nie jemand eine ernsthafte Anklage gegen ihn zur Sprache gebracht, aber das spielte auch keine Rolle. In Deutschland hatten sie ihn abgestempelt. Jessica hatte ihn abgestempelt. Und sie kämpfte nun händeringend darum, nicht auch noch selbst für immer abgestempelt zu werden. Für diesen Kampf war er zu müde. Warum nur hatte sie seine Entschuldigung nicht angenommen?

In der Story erzählte sie von all den perversen Nachrichten der letzten Zeit, in denen sie als billige Schlampe bezeichnet wurde, und erläuterte, wie viele Jungs sich derzeit ihr gegenüber im Ton vergriffen. Während der Erklärungsversuche begann sie schließlich zu weinen. Falls es sich dabei um ein künstlich erzeugtes Fake-Weinen handelte, das oft einstudiert und unauthentisch auf Social-Media-Profilen aufmerksamkeitsgeil auf die Zuschauer losgelassen wurde, war es extrem gut gespielt. Aber Vince kannte sie zu gut. Es musste sich um echte Tränen handeln. Sie war nicht so durchtrieben wie viele ihrer Artgenossinnen. Influencer*innen waren nur in den seltensten Momenten authentisch. Sie waren Kunstfiguren, die eine Rolle spielten. Stars, die nur einen öffentlichkeitswirksamen Teil ihres Lebens teilten und diesen als »echt und vollständig« verkauften. Und genau das war auch das Problem. Warum sagt ihr über euch nicht, dass ihr Stars seid? Warum sagt ihr nicht, dass ihr nur eine Facette eures Lebens zeigt? Die Facette, die Reichweite generiert. Die Facette, die immerzu glücklich und happy ist.

Aber Jessica weinte. Und sie weinte in dieser Aufnahme echte Tränen.

Er konnte es kaum ertragen, seine Exfreundin so zu sehen.

Am Ende zeigte sie dann all ihren Hatern den Mittelfinger in die Kamera und kündigte selbstbewusst an, sich nicht unterkriegen zu lassen. Sie wollte weitermachen. Außerdem erklärte sie, dass sie keine Fehler gemacht habe.

Keine Fehler.

Fehler.

Ja, sie hatte recht.

Es waren seine Fehler.

»Du entschuldigst dich doch nicht wirklich gerade bei mir, oder?«

Kapitel 14

Ein anonymer User bettelte im Chat unaufhörlich, dass sie doch bitte ihre Gesichter zeigen sollten.

I WANNA SEE YOUR FACE!
YOU ARE THE MOST BEAUTIFUL GIRL
I HAVE EVER SEEN!
BEAUTY!
SHOW YOUR FACE!
BOY HAS NICE DICK!
FACES!
LOVE YOU!
SUCH A CUTE COUPLE!
SHOW YOUR TITS! CLOSE UP!
...

Sie hatten eine Grenze überschritten. Wie weit war es nun noch bis zum nächsten Tabu?

FACES!

Mittlerweile hatten Jessica und Vince beim Herumstöbern auf unterschiedlichen Plattformen sogar einige junge Teen-Pärchen entdeckt, die Camshows ins Netz übertrugen oder von denen Livestream-Mitschnitte auf Pornoseiten hochgeladen wurden. Sie alle wirkten wahnsinnig routiniert, als wäre das, was sie dort vor den Augen der ganzen Welt taten, selbstverständlich. Sie starteten ihre Streams oft super gewöhnlich, aßen gemeinsam Pizza oder beantworteten wie in einem ganz normalen FAQ-Video auf YouTube Fragen über ihre Beziehung. Sie wirkten natural, rauchten, schauten Netflix oder tippten abwesend auf dem Handy herum, bis sie sich dann irgendwann näherkamen und intim wurden. Und ja, sie zeigten beinahe immer ihre Gesichter.

FACES!

Würden auch Jessica und er nun ihr gesamtes Sexleben und sich vollständig in der Öffentlichkeit zeigen? Jegliche Intimität mit dem Internet teilen?

Sie hatten vor dem heutigen Stream zwei Flaschen Weißwein geleert und waren sehr gut gelaunt. Die Aufregung, live vor der Kamera Sex zu haben, war bei ihrem mittlerweile dritten Stream beinahe gänzlich verschwunden, denn sie hatten bei der ganzen Sache eine Menge Spaß. Vor allem das Gefühl, dass nichts und niemand ihnen etwas anhaben konnte, solange sie sich hatten, sorgte dafür, dass sie weitermachen wollten, die nächsten Schritte gehen wollten.

Noch konnte man ihre Gesichter nicht sehen, dafür hatten sie gerade das erste Mal Analsex vor laufender Kamera. Vince schwitzte stark, hing keuchend hinter Jessica, die bei jedem Stoß laut stöhne. Der Rhythmus der Stöße wurde schneller, die Stöße selbst härter. Dann folgten kurze, sensible Beckenbewegungen, bei denen Vince seinen erigierten Penis beinahe ganz aus ihrem Po zog, ehe er wieder zustieß und vollständig in ihr versank. Seine Hoden klatschten gegen ihre Pobacken.

Vince rollte das Kondom ab, kam auf ihrem Rücken, wischte alles mit einem Papiertuch weg und zog seine Boxershorts an, während Jessica sich BH und Slip überstreifte. Dann ließen sie sich auf das Bett fallen, um Fragen zu beantworten. Sie waren völlig außer Atem, prusteten ausgelassen und zufrieden vor sich hin.

Und ja, jetzt konnte man Jessica und Vince vollständig erkennen.

Ihre vom Alkohol und vom Paarungsakt geröteten Gesichter starrten in die Kamera.

Als sie realisierten, dass sie ihre Regel gebrochen hatten, hielten sie kurz inne, bekamen dann aber einen lauten Lachflash, der eine gefühlte Ewigkeit anhielt.

Hier saßen sie also, vollständig sichtbar für jeden, und wirkten wie das glücklichste Couple der Welt.

Die After-Sex-FAQ war die erste feste Rubrik, die sie in ihren Streams etablierten, wobei sie dabei nicht sonderlich strategisch vorgingen, sondern primär nebeneinandersaßen, sich umarmten und streichelten. Vince chillte dabei am Handy, und auch Jessica wirkte die meiste Zeit über abwesend. Ab und zu schauten sie auf den Screen und erklärten, wie lange sie schon zusammen waren oder ob sie demnächst einmal Sexspielzeuge vor der Cam ausprobieren würden – immer dann, wenn der Countdown ablief und die Übertragung von den Usern zahlungspflichtig verlängert werden musste. Irgendwann beendeten sie die Stream-Sessions.

Jessica presste ihre Lippen heute zur Verabschiedung gegen ihre Handfläche und beförderte den Handkuss Richtung Kamera, während Vince ironisch die Zunge herausstreckte und in Richtung seines rechten Nippels leckte.

Mausklick auf »Off«.

Dann war der Stream beendet.

Stille.

Jessica legte sich auf Vince und schaute ihm tief in die Augen. Mit ihren spitzen Fingernägeln fuhr sie über seine Brust und Oberarme.

»Ich liebe dich«, hauchte sie ihm entgegen und legte ihren Kopf auf seinen Oberkörper.

»Und ich liebe dich«, antwortete Vince, während er auf ihre Haare schaute. »Schon verrückt das Ganze«, sprach er seine Gedanken aus.

»Völlig verrückt«, bestätigte sie.

Stille.

»Aber wir waren schon immer anders als die anderen, Schatz. Das hier ist etwas zwischen uns. Etwas ganz Besonderes«, stellte sie fest.

»Ich freue mich so sehr auf den Urlaub mit dir. Du bist

alles für mich«, antwortete er und gab ihr einen Kuss ins Haar.

»Du bist und bleibst der Einzige für mich. Vergiss das nie!«, hauchte sie zurück, während sie ihre rechte Wange an seiner Brust rieb.

»Und das hier ist unser kleines Geheimnis, wird immer unser kleines Geheimnis bleiben«, sagte er und drückte sie nun mit beiden Armen so fest an sich, dass sie kurz die Luft anhielt.

»Wir werden heiraten, Jessica. Wir werden irgendwann eine Familie gründen, einen Hund haben. Ich weiß, das klingt absurd. Aber niemand wird das verhindern können«, ergänzte er.

»Ich will auch nicht, dass das irgendjemand verhindert.«

Stille.

»Vince?«

»Ja?«

»Sind wir sexsüchtig?«

Stille.

»Nein. Nicht sexsüchtig.«

Stille.

»Okay«, antwortete sie.

Dann schaute sie zu ihm auf, und sie küssten sich, während ihre Zungenspitzen sich umkreisten.

»Aber ich bin süchtig nach *dir*!«, flüsterte er nach dem Kuss.

Süchtig nach Sex.

Süchtig nach Liebe.

Süchtig nach Jessica.

Süchtig nach Macht.

Süchtig nach Dominanz.

Süchtig nach ihrem Körper.

Süchtig nach ihrer Seele.

Ja, er war süchtig. Nach ihrer Nähe.

Aber wie austauschbar oder nicht austauschbar war Jessica wirklich?

Er liebte ihren Geruch.

Es ging nicht nur um Sex. Es ging darum, sich vollständig fallenzulassen. Miteinander. Ohne, dass noch irgendetwas eine Rolle spielte. Aber ihr Geruch war Teil ihres Körpers.

Er liebte ihre rehbraunen Augen.

Er liebte, wie sie atmete und dabei hin und wieder leise »Uff« sagte.

Er liebte alles, was sie machte.

Ineinanderverschlungen schliefen sie mitten am Tag ein und waren sich sicher, sich für immer zu haben.

Aber jede Sucht führte irgendwann ins Chaos.

Kapitel 15

Luis hatte im Gegensatz zu Vince bereits einen Führerschein. Vince hatte eigentlich vor einem Monat mit den Fahrstunden starten wollen, um dann pünktlich mit achtzehn fertig zu sein und so das begleitete Fahren mit siebzehn zu umgehen. Für ihn war die Vorstellung gruselig, dass seine Mutter bei den ersten Fahrversuchen nach der Prüfung neben ihm sitzen und auf alles Mögliche hinweisen würde. Er liebte sie, aber in Stresssituationen hatte sie eine schrecklich aufgeregte Art.

Der Weg zum Strand war nicht allzu weit. Da sie jedoch noch einen Kasten Bier im Kofferraum hatten, freute sich Vince, dass sie das Auto von Luis' Eltern nutzen konnten und nicht alles schleppen mussten. Leider hatte der schwarze Wagen keine funktionierende Klimaanlage, so dass ihre T-Shirts bei der Hitze bereits komplett von Schweiß durchgeweicht waren. Schon oft hatte Vince sich gewünscht, zu den Menschen zu gehören, die weniger schwitzten. Aber das Gegenteil war der Fall. Es gab Tage im Hochsommer, an denen er mit dem Fahrrad extra früh zur Schule fuhr, damit ihm vor Unterrichtsbeginn noch mindestens zehn Minuten blieben, um sich im WC unter den Achseln zu waschen, erneut mit Deo einzusprühen und ein frisches T-Shirt anzuziehen –, wobei viel Schweiß ja für einen guten Stoffwechsel sprach oder so …

Sie kurbelten alle Fenster herunter und drehten die Musik laut auf. Luis trug ein T-Shirt und eine Badehose von Adidas, eine schwarze Sonnenbrille und eine silberne Kette.

Vince trug seine rot leuchtenden Badeshorts und dummerweise ein schwarzes T-Shirt, wodurch die Hitze noch schwerer zu ertragen war, weil sich die Sonne regelrecht einbrannte. Er lehnte sich mit dem Kopf aus dem rechten Fenster und genoss den kühlen Luftzug. Freiheit. Das Gefühl war wunderschön. Und für einen Augenblick dachte er an nichts und niemanden.

Du musst Jessica auf Instagram entfolgen, um mit ihr abzuschließen. Du brauchst einen vollständigen Neuanfang.

Sie parkten direkt neben Fabios Mofa, der ebenfalls in Vince' spanische Klasse ging. Vince hatte Fabio bisher als sehr sympathische Person kennengelernt. Er war einer dieser Menschen, die fast immer lächelten und eine unglaubliche Positivität ausstrahlten.

Als die drei Jungs am vereinbarten Treffpunkt angekommen waren und den heißen Sandstrand betraten, traute Vince seinen Augen und Ohren nicht. Direkt am Wasser sah er eine junge Frau in einem pink leuchtenden Bikini, deren Lachen genauso niedlich klang wie Jessicas. Sie fuhr sich durch ihre blond gefärbten Haare, und Vince war sich fast sicher, dass er in diesem Moment mit ein paar Metern Abstand seiner Exfreundin gegenüberstand.

Wie auch immer das möglich war.

Die Wellen brachen in rhythmischen Abständen und zogen auf ihrem Weg zurück ins Meer eine Schicht feuchten Schlamm mit sich. Jetzt beugte sich die junge Frau nach unten und musterte die Sandburg eines kleinen Jungen, die er ein paar Meter von den Wellen entfernt an einer sicheren Stelle gebaut hatte. Der Kleine mit dem Sonnenhut platzierte stolz eine Muschel auf dem größten Turm. Dann stand er halbwegs gekonnt auf und wackelte zu seiner Mutter. Kurz vor ihr fiel er hin und begann lautstark zu heulen.

Sie hob ihren kleinen Schatz hoch und … redete Spanisch mit ihm.

Natürlich handelte es sich bei der fremden Frau nicht um Jessica. Aber Vince war erstaunt, wie viel Ähnlichkeit sie mit ihr hatte. Eine beinahe perfekte Doppelgängerin.

Schließlich waren auch die drei Mädchen aus ihrem Jahrgang da, mit denen sie sich verabredet hatten, und die Runde begann, im Rahmen dieser kleinen gemütlichen Strandparty, das mitgebrachte Bier und den von Fabio organisierten Tequila zu trinken. Sein großer Bruder hatte den hochprozentigen Alkohol gekauft.

Luis schnitt frische Zitronen auf einem Brett in Scheiben, halbierte sie anschließend und verteilte dazu Salz auf den angefeuchteten Handrücken.

¡Salud!

Und noch einer.

Sofia, Carmen und Julia waren sehr liebe Mädchen. Vince gelang es im angetrunkenen Zustand ziemlich gut, mit Carmen zu flirten und sie immer wieder zum Lachen zu bringen. Sie wechselte schließlich sogar von einer der Liegen, an denen sie sich aufhielten, auf sein Handtuch am Boden und berührte ab und zu seinen Oberschenkel. Sie hatte eine sehr sportliche Figur, hellbraune Haare und große grüne Augen. Mit ihr könnte an diesem Abend etwas laufen, das verrieten ihr stark aufgetragenes Parfüm und die Art, wie sie Vince anschaute. Er war aber nicht heiß auf sie, obwohl er mittlerweile seit vier Wochen nicht mehr masturbiert hatte. Das lag vor allem an seinen strikten Regeln, aber auch daran, dass sie es ihm zu einfach machte. Er hatte immer dann ein gutes Gefühl, wenn er um ein Mädchen kämpfen musste, wenn er nicht genau absehen konnte, ob er tatsächlich Chancen hatte –, so wie es bei Jessica gewesen war, die ihn während ihrer Kennenlernzeit oft rasend gemacht hatte. Ein Date hatte sie plötzlich abgesagt, zu einem anderen war sie einfach mit einer Freundin aufgekreuzt.

Vince stand schließlich auf, entschuldigte sich bei Carmen und sagte, dass er gleich wiederkommen werde. Er machte ein paar Schritte hinunter ans Meer, und die anderen vermuteten sicher, dass er sich dort kurz erleichtern wollte, stattdessen holte er sein Handy aus der Tasche seiner Badeshorts und öffnete Instagram. Erst scrollte er passiv und ohne konkrete Wahrnehmung durch die Beiträge. Dann wischte er zögernd wieder hoch. Ganz oben in seinem Feed blitzte ein Foto von Jessica auf, das wahrscheinlich schon da gewesen war, als er die App geöffnet und in seinem betrunkenen Zustand nicht genau hingeschaut hatte. Sie trug ein weißes Kleid und stand auf einer edlen Marmortreppe – das Bild musste sie an einer Shooting-Location aufgenommen haben. Darunter kündigte sie in ihrer Caption an, dass sie spontan doch noch für die Beauty-Convention »Shine« zugesagt habe, die am Wochenende in Berlin stattfinden würde. Sie verwies auf ihre Story, in der sie erklärte, dass sie am Samstag um fünfzehn Uhr ein exklusives Interview auf der großen Bühne geben werde, in dem sie zu allen Ereignissen der letzten Monate Stellung nehmen und anschließend ein zweistündiges Meet and Greet veranstalten werde.

Vince war fassungslos. Plötzlich sollte also alles ganz schnell gehen. Hatte seine Exfreundin schon mit ihm abgeschlossen, während er sich hier in Spanien völlig betrunken am Strand aufhielt und ununterbrochen an sie dachte? Sie sogar wie einen Geist in fremden Leuten wiedererkannte?

Das Interview sollte live auf dem »Shine«-Kanal gestreamt werden. Gestreamt, haha. Das durfte er auf keinen Fall verpassen.

Als er sich zurück zu den anderen setzte, beschlossen Luis und er wenige Minuten später, nach Hause zu fahren.

Carmen war nicht sehr begeistert, aber das kümmerte Vince nicht. Sie verabschiedeten sich von Fabio und den anderen, die um Mitternacht noch baden gehen wollten, und traten den Weg zum Auto an.

Während Luis den Kasten mit den leeren Glasflaschen klirrend im Kofferraum abstellte, zögerte Vince zunächst einzusteigen. Er konnte es kaum fassen, dass Luis in diesem Zustand wirklich noch fahren wollte. Luis beteuerte jedoch, dass er das kleine Stück schon oft leicht angetrunken zurückgefahren sei. Und so kam es, dass die beiden sich in den Wagen setzten und die Türen schlossen.

Luis schaltete zuerst das Radio ein, während Vince Schwierigkeiten hatte, sich anzuschnallen.

»Ich bin so was wie ein Pornodarsteller«, platzte es plötzlich aus Vince heraus.

Luis verstand natürlich kein Wort, also kramte er in seinem Gedächtnis und wiederholte den Satz auf Englisch.

Zuerst sah Luis ihn skeptisch an, dann bekam er einen lauten Lachanfall. Als er merkte, dass der Blick von Vince ernst blieb, zuckte er mit den Schultern, startete den Motor und legte den Rückwärtsgang ein.

Vince erzählte Luis, dass er mit seiner Exfreundin aus Spaß einen Porno gedreht hatte und sie daraufhin irgendwann damit angefangen hatten, ihren Sex live zu streamen. Er lallte dabei so extrem, dass er nur schwer zu verstehen war.

Luis parkte unterdessen aus, fuhr aber etwas zu weit nach hinten, so dass er in einem Busch landete. Er räusperte sich, kniff die Augen zusammen und versprach, sich von jetzt an zu konzentrieren.

Vince antwortete lallend, dass es sowieso besser für ihn sei, wenn er tot wäre, sobald er die ganze Geschichte über seine letzte Beziehung gehört hätte.

Und dann begann er damit, seinem neuen spanischen Freund die komplette Wahrheit zu offenbaren.

Kapitel 16

Vince hatte heute in seinem Zimmer mal wieder staubgesaugt, weil er seit ein paar Tagen mit tränenden, gereizten Augen aufwachte und sich nicht erklären konnte, woran das lag.

Staubwischen war sicher auch mal wieder nötig, überlegte er, während er sich im Zimmer umsah. Vor allem auf der Fensterbank konnte man mit bloßem Auge eine graue Schicht erkennen, die allerdings in diesem Moment auch demonstrativ von der Sonne angestrahlt wurde.

Er hatte außerdem seine Bettwäsche, die er eigentlich alle zwei Wochen in die Waschmaschine stopfte, komplett ausgetauscht. Und er schlief immer bei geöffnetem Fenster, so dass auch die trockene Heizungsluft kein Problem sein konnte.

Auch jetzt wollte er die Heizung wieder voll aufdrehen, weil er wusste, dass er in etwa einer Stunde mit Jessica halbnackt auf dem Bett sitzen und sich dabei filmen würde.

Er kletterte über die Matratze zum Thermostatknopf, drehte daran und eilte danach ins Badezimmer.

Seine Mutter war mit ihrem Freund in Dänemark, so dass er die Tür nicht abschließen musste, um zu verhindern, dass es unangenehmen Besuch gab, während er unter der Dusche stand.

Er schaute zunächst in den Spiegel. Seine Augen waren stark gerötet, wahrscheinlich würden die Zuschauer des Streams vermuten, dass er gerade unglaublich high war. Er drehte den Wasserhahn auf und spülte die Augen aus. Vielleicht war auch seine Allergie wiedergekommen, oder seine Kontaktlinsen saßen einfach nicht richtig.

Nachdem er sich die Augen sinnlos gerieben und noch mehr gereizt hatte, griff er zur Nagelschere und kürzte seine Fingernägel. Seit kurzem hatten die Nägel seiner linken Hand ihre Stabilität verloren, so dass er sie kaum noch schneiden konnte. Jedes Mal, wenn er mit der Metallklinge ansetzte und zudrückte, bogen sie sich in ihrer weichen Konsistenz mit. Sicherlich war das Ganze auf irgendeinen Vitaminmangel zurückzuführen. Er musste mehr rausgehen. Der Urlaub mit Jessica würde dahingehend bestimmt unglaublich guttun. An der rechten Hand hatte er dieses Problem nicht. Nun war er aber genötigt – auch weil er keinen Nagelknipser hatte –, die Nägel der linken Hand abzuknabbern. Während seiner Grundschulzeit war Vince tatsächlich mal ein Nagelkauer gewesen. Er hatte es sich abgewöhnt, indem er zwei Tage lang im Haus mit Socken an den Händen herumgelaufen war. Seine Mutter war damals ganz begeistert von seiner Konsequenz gewesen, dabei war sie der Auslöser dafür, weil sie ihn einmal am Frühstückstisch darauf hingewiesen hatte, dass er niemals einen Job finden würde, wenn die Leute erkannten, dass er seine Fingernägel abnagt.

Mittlerweile hatte er lediglich beim ersten gemeinsamen Sex-Stream mit Jessica wieder leicht nervös an seinen Fingernägeln gekaut. Für diesen Job war das zum Glück kein Ausschlusskriterium.

Als er mit den Fingern fertig war, beugte er sich nach unten. Er musterte seine Füße, während er die Nägel bearbeitete, und ärgerte sich, dass die Haare auf der Fußoberfläche so stark sprossen wie bei einem Hobbit. Er würde sie gleich unter der Dusche mit abrasieren, wenn auch die Intimrasur anstand. Schon am Vortag hatte er überlegt, sich die Schamhaare zu entfernen, war dann aber zu dem Schluss gekommen, dass es schlauer wäre, bis kurz vor dem Stream zu warten. Es dauerte nämlich immer einige Stunden, bis sich die roten Pickelchen nach der Rasur gebildet hatten. So würde er während des Streams mit reiner, ansehnlicher Haut erscheinen.

Er nahm den kleinen Rasierer in die Hand und befestigte eine frische Klinge daran. Zunächst tastete er seinen Nacken ab und entfernte einen kleinen Streifen Nackenhaare, die ihn, wenn er sie unbeaufsichtigt wachsen ließ, von hinten betrachtet zu einem Wookie machten. Danach setzte er an den Achseln an und entfernte auch hier alle Haare. Beim Googeln hatte er irgendwann einmal herausgefunden, dass es wohl deren Funktion war, als Schweißstopper zu dienen. Irgendwie eine widerliche Vorstellung.

Es folgte der Bauchnabel, unter dem ebenfalls vereinzelt Haare wuchsen, die schließlich in die Schamhaare übergingen. Er kürzte die kleinen Härchen und spülte den Bauchnabel bemüht aus. Ein paar Fusseln hatten sich darin gesammelt – vermutlich durch das Billig-T-Shirt, das er gestern getragen hatte – und ließen das Innere des Bauchnabels zunächst schwarz und verdreckt erscheinen. Er bekam sie jedoch schnell zu fassen und konnte die Flusen nach und nach herausziehen. Nach den Schamhaaren kam dann der unangenehmste Teil: der Hodensack. Es war erstaunlich, wie sicher er mit dem Rasierer die Haare auch von dieser unebenen, instabilen Oberfläche befreien konnte. Trotzdem fürchtete er jedes Mal, dass er die Haut dort mit einer falsch angesetzten Rasierklinge aufschneiden könnte.

Auch heute wurde sein Penis während der Rasur steif. Vince fand das einerseits amüsant, andererseits aber auch irgendwie traurig. Wieso konnte sein Gehirn in diesem Moment nicht weiterleiten, dass er seinen Schwanz nicht zur Befriedigung hin und her zerrte, sondern aus reiner hygienischer Notwendigkeit, und sich sein Glied daher eigentlich nicht zu erregen brauchte.

Als das Rasieren schließlich abgeschlossen war, folgte die normale Dusche. Vince spülte seine Haare zweimal mit Shampoo aus und verwendete den Schaum auch gleich dazu, sein Gesicht und den Körper einzureiben. Danach stand er rund eine halbe Minute einfach nur im angenehmen Regen und atmete tief durch, bevor er das Wasser abdrehte und augenblicklich ein kalter Schauer über seinen Rücken fuhr. Er hätte auch im Bad vor dem Duschen die Heizung aufdrehen sollen. Sein Penis schrumpfte durch die Kälte zusammen, während er mit dem Handtuch zunächst schnell über Gesicht und Haare rubbelte.

Nachdem er schließlich auch die Dusche mit dem Abzieher von allen Tropfen befreit hatte, stieg er aus der Kabine und griff nach der Bodylotion. Sein Gesicht brannte etwas, nachdem er es eingerieben hatte, und passte sich für ein paar Minuten seinen gereizten Augen an. Er deckte ein paar Pickel ab und konnte so auch die Rötung der Haut ein bisschen vertuschen.

Er hatte gerade seine Unterhose mit etwas Parfüm eingesprüht und war dabei, sie anzuziehen, als es klingelte. Nur mit den Boxershorts bekleidet lief er zur Tür. Zum Glück konnte er durch den Spion sehen, dass tatsächlich Jessica davorstand. Er öffnete und bemerkte sofort die Sektflasche in ihren Händen.

»Lass uns die bitte vorher exen, weil ich sonst zu viel über das alles nachdenke«, begrüßte sie ihn.

Vince reagierte mit einem Grinsen. »Da helfe ich doch gern.«

»Ich muss noch kurz ins Bad, meine Haare richten. Und

ich hab übrigens eine Softbox gekauft«, verkündete Jessica dann und schleppte einen Karton herein.

»Okay …«

»Ja, dann können wir uns vorteilhafter ausleuchten und sehen noch geiler aus. Ich will diesmal eine Tausend Euro Spende von deinem Opa.«

»Haha.«

Eine halbe Stunde später, nachdem sie die Sektflasche geleert und Vince sich noch schnell die Haare geföhnt und gegelt hatte, ging er zu Jessica, die bereits auf dem Bett in seinem Zimmer Platz genommen hatte.

»Können wir die Kamera auch schwarzweiß einstellen?«, fragte sie.

Vince runzelte die Stirn. »Ähm … ja, also ich hab auf jeden Fall ein paar Einstellungsmöglichkeiten für die Webcam.«

»Okay, dann will ich das. Die können schön was dafür zahlen, uns in Farbe zu sehen.«

Sie lachten beide.

Vince stellte die Softbox auf und war beeindruckt, wie gleichmäßig das Bett jetzt ausgeleuchtet war. Fast schon routiniert meldete er sich bei dem Streaming-Anbieter an und deutete noch einmal lächelnd auf ihren bereits verdienten Kontostand.

»Glaubst du, ich kann noch schnell eine Tiefkühlpizza in den Ofen schieben und später essen?«

»Ja klar, aber lass uns ruhig schon live gehen.«

Sie nickte und setzte ein Lächeln auf.

Vince startete den Stream, und nach zwanzig Minuten Randomtalk wechselten er und Jessica auf Grund eines besonders perversen Wunsches ins Badezimmer.

Die Fußbodenheizung war auf fünf aufgedreht. Sie saßen in der mit warmem Wasser gefüllten Badewanne und starrten zum Laptop, den sie ein paar Meter entfernt auf der Fensterbank aufgebaut hatten. Jemand hatte, als sie noch in Vince' Zimmer gewesen waren, in den Chat geschrieben, dass er siebenhundert Euro zahlen würde, wenn Jessica Vince anpinkeln würde. Zunächst hatten die beiden darüber gelacht, aber jetzt waren sie hier im Bad und würden siebenhundert Euro dafür verdienen, dass Jessica urinierte.

Vince hatte den Kopf auf der harten weißen Kante der Badewanne abgelegt, während Jessica ihren Po über ihm absenkte. Das süß duftende Badewannenmeer würde gleich mit Urin vermischt werden.

»Are you ready?«, fragte Jessica und bekam einen Lachanfall. Sie beugte sich vor und hämmerte mit der Stirn ironisch gegen die Fliesen.

Was zur Hölle passierte hier gerade?

Dann begann sie zu pinkeln.

Vince hielt seine Augen geschlossen. Er ließ den Natursekt über sein Gesicht fließen, wobei sich die Flüssigkeit sehr warm anfühlte und ganz leicht sprudelte. Als schließlich etwas Urin auch in seinem Mund landete, stellte er sofort fest, dass Natursekt ihn so gar nicht anmachte. Er ekelte sich sogar.

Jessica stoppte ihren Harnfluss nach einigen Sekunden, und Vince tauchte sofort mit dem Kopf unter Wasser. Er riss den Mund weit auf und bewegte die Zunge unter der Wasseroberfläche hin und her, um den Geschmack aus dem Mundraum zu spülen. Angewidert tauchte er wieder auf, hüpfte aus der Badewanne und holte sich ein Handtuch. Seine Augen waren noch immer halb zugekniffen.

»Dein Pipi brennt, Schatz.«

Jessica stand nun auch in der Badewanne auf und zog sofort den Stöpsel, damit das Wasser ablaufen konnte.

Plötzlich lachte Vince prustend los. Er beendete den Stream und klappte den Laptop zu.

Jessica hielt ihre Hände skeptisch vor das Gesicht. Offenbar konnte sie kaum fassen, was sie da gerade getan hatten. Doch dann stieg sie in den Lachflash ein.

Vince ging ein paar Schritte auf sie zu, umarmte sie und küsste dabei mit schmatzenden Lippen ihr Gesicht ab.

»What the fuck machen wir hier?«, fragte er lachend.

»Das ist schon mal nicht unser Fetisch«, stellte Jessica kopfnickend fest.

Kapitel 17

Der Motor stoppte, und sie stiegen beinahe zeitgleich aus. Es fühlte sich gut an, dass er sich jemandem anvertraut hatte. Auch wenn Luis, seit Vince seine völlig verrückte Beziehungsgeschichte zu Ende erzählt hatte, kein Wort mehr gesprochen hatte und nun wie in Trance die letzten Schritte Richtung Haus und Bett absolvierte. Er hatte den Wagen ziemlich perfekt auf der Auffahrt abgestellt, vergaß in seinem betrunkenen Zustand allerdings, wie spät es schon war, und schlug die Fahrertür so laut zu, dass Vince inmitten der sternenklaren Nachtruhe in dieser ruhigen Gegend einen Schreck bekam.

Zum Glück war ihnen auf der Rückfahrt nichts passiert. Vince hasste sich dafür, dass sie kein Taxi genommen hatten. Das war unfassbar verantwortungslos gewesen. Aber wen wunderte das schon? Verantwortungsloses Verhalten passte ja schließlich sehr gut zu ihm. Jeder Mensch in Deutschland, der von seiner Story gehört hatte, hielt ihn schließlich für einen verantwortungslosen Vergewaltigeridioten. Es war wirklich gut, dass er jetzt hier war.

Was Luis wohl gerade von ihm dachte?

Er hatte während der Erzählungen von Vince immer mal wieder ungläubige Kommentare gedroppt, bis er dann irgendwann ganz still geworden war –, als Vince ihm als endgültigen Beweis, der alle Zweifel beseitigen sollte, einen der Sex-Streams mit Jessica im Browser seines Smartphones vor die Nase gehalten hatte.

In diesem Moment war Vince klargeworden, dass diese Aufnahmen für immer ihren Weg ins Netz finden würden.

Und als Vince seinem spanischen Freund das Video präsentiert hatte, musste dieser endgültig realisiert haben, dass Vince ihm keine Lügengeschichte auftischte.

Das alles war kein Traum.

Vince hatte die Realität ausgepackt und nach Spanien geholt.

Schweigend setzten sie ihren Weg Richtung Haustür fort. Während dieser schrecklichen Stille fühlte sich jeder Schritt für Vince wie ein unüberwindbares Hindernis an – und er war auf Grund seines hohen Alkoholpegels sowieso schon wackelig auf den Beinen. Er zweifelte mittlerweile daran, dass es richtig gewesen war, Luis alles zu erzählen. Wahrscheinlich war seine Offenheit lediglich auf seine vom Alkohol gelöste Zunge zurückzuführen.

Wie wird es wohl morgen sein?, fragte er sich, während Luis die Tür zum Haus aufschloss und eintrat.

Vorsichtig gingen sie durch den Flur in Richtung Küche. Dort griff Luis sofort nach zwei Gläsern, füllte sie mit Wasser aus der Leitung und reichte eins davon Vince. Sie tranken beide in einem Zug alles aus – die beste Vorsorgemaßnahme gegen einen Kater am nächsten Tag.

Luis füllte die Gläser noch ein zweites Mal, um den Geschmack nach Tequila und Zitrone mit der klaren kalten Flüssigkeit endgültig aus dem Mund zu spülen.

Dann gingen sie die Treppe hinauf und in Luis' Zimmer. Noch immer hatten sie kein Wort miteinander gesprochen.

Luis setzte sich auf die Schlafcouch von Vince, der unsicher neben ihm Platz nahm.

Sekunden vergingen.

Vince überlegte angestrengt, ob er in der Pflicht war, das Gespräch irgendwie wiederaufzunehmen – vielleicht mit einem Witz darüber, dass jeder ihm im Netz beim Sex zuschauen konnte.

Aber er schaffte es nicht, wusste nicht, was genau er sagen sollte, und schwieg daher weiterhin.

Schließlich machte Luis den nächsten Move, indem er aufstand und eine Schublade unter dem Schreibtisch öffnete. Er zauberte eine Flasche Absolut Vodka hervor, drehte sie auf und kam zur klapprigen Schlafcouch zurück.

Vince grinste.

Luis nahm den ersten Schluck und reichte die Flasche weiter. Parallel schüttelte er den Kopf, weil der Alkohol wahrscheinlich in seiner Kehle brannte. Er lachte und erklärte, dass er immer noch fassungslos sei und die Story überhaupt nicht glauben könne. Er müsse trinken, um alle

Antworten von Vince auf seine nun folgenden Fragen morgen wieder vergessen zu haben. Vince gab sich verständnisvoll, bat ihn jedoch darum, auf keinen Fall irgendjemandem von seiner Vergangenheit zu erzählen.

Luis willigte sofort ein.

Es war mitten in der Nacht. Die Jungs hatten sich vor rund zwei Stunden völlig betrunken schlafen gelegt, nachdem Vince noch eine ganze Weile sehr detailliert von seinen Erfahrungen als Camshow-Darsteller berichtet hatte. Die Wodkaflasche war nur noch halb voll.

Vince war sofort eingeschlafen. Als er jetzt wach wurde, drehten sich Zimmerwände und Raumdecke, und ihm war ziemlich übel. Er wollte gerade aufstehen, um auf Nummer sicher ins Bad zu laufen und sich über die Kloschüssel zu beugen, als er von seltsamen Geräuschen abgelenkt wurde. Er hatte starkes Sodbrennen.

Sein Blick war gegen die hohe Seite der Schlafcouch gewandt, so dass er nicht erkennen konnte, woher die Geräusche im Raum genau kamen. Er hielt allerdings inne und drehte sich nicht gleich um. Plötzlich schlug sein Herz sehr schnell, und ihm wurde immer wärmer. Es war ein merkwürdiges Gefühl, denn er war sich ziemlich sicher, dass die Soundkulisse aus der Richtung seines Zimmernachbarn kam –, und es klang ganz so, als würde der sich gerade einen runterholen.

Vince überlegte weiter. Im Zimmer war es nicht komplett dunkel, aber die Rollos waren ganz zugezogen, so dass kein Licht von der Straße hereinfallen konnte. Vielleicht erhellte also Luis' Smartphone- oder Laptopbildschirm den Raum, und er zog sich zusätzlich einen Porno rein.

Vorsichtig drehte Vince sich schließlich auf der Schlafcouch um und hoffte, dass diese nicht sofort losquietschen würde. Gleichzeitig fragte er sich, ob Luis sich häufiger mitten in der Nacht in seiner Gegenwart einen runterholte, schließlich schlief Vince immer durch. Vielleicht war das Ganze aber auch nur darauf zurückzuführen, dass Luis noch betrunken und dadurch enthemmt war.

Als Vince den Kopf dann vollständig gedreht hatte, konnte er ganz genau erkennen, was Luis sich gerade ansah, während weiterhin die schrubbende Bewegung unter der Bettdecke zu hören war.

Auf dem Laptopscreen lief der Stream von ihm und Jessica, in dem er sie anal genommen hatte.

Sofort lief Vince ein kalter Schauer über den Rücken.

WTF …

Kapitel 18

Ein Fünfsternehotel in Ägypten. Es war schon verrückt, für wie wenig Geld sich selbst junge Leute an anderen Orten auf der Welt ein Luxusleben leisten konnten. Vince und Jessica waren überglücklich, als sie die Tür zu ihrer kleinen Suite öffneten. Sie hatten überraschend sogar noch ein Upgrade von ihrem gebuchten Standardzimmer bekommen.

Mehr oder weniger aus Fun hatte Vince schon am Flughafen in Berlin angefangen, ihren ersten gemeinsamen Urlaub mit einer Vlog-Kamera zu begleiten. Deshalb filmte er auch jetzt, wie Jessica und er gemeinsam auf das große Kingsize Bett fielen, nachdem sie ihre Koffer über die frisch gewischten Fliesen in den Raum geschoben hatten. Er drückte seine Freundin fest an sich, während er ihr bauchfreies, hellrotes, mit etwas Sonnencreme beschmiertes T-Shirt filmte.

Rot war eine sehr anziehende Farbe. Jessica trug oft freizügigere Klamotten, und Vince wusste, dass sie diesbezüglich ständig mit ihrem Vater diskutieren musste. Wenn der wüsste, wie freizügig sich seine Tochter im Internet zeigte! Dieses kleine, große Geheimnis vor allen Menschen aus ihrem Umfeld hatte etwas Geiles. Es stellte Jessica und ihn auf ein edles Arroganzpodest, von dem sie niemand stoßen konnte. Weil sie alle unwissend waren. Es war eine unsichtbare Provokation, die Vince in so vielen Streitsituationen gern gedroppt hätte –, nur um die fassungslosen, entgeisterten Blicke der vorigen Generation sehen zu können, die jeglichen Anschluss verloren hatte, nicht mehr hinterherkam.

Auch Vince hatte gestern lange mit seiner Mutter gestritten. Sie hatte ihn misstrauisch darüber ausgefragt, wie er sich die ganzen neuen Klamotten und nun auch noch diesen Urlaub leisten konnte. Ohne irgendeinen Nebenjob. Vince hatte das alles mit den Resten seines Konfirmationsgeldes gerechtfertigt, doch seine Mutter hatte sich damit nicht zufriedengeben wollen. Sie hatte darauf beharrt, dass dieses Geld, das eigentlich als Erspartes dienen sollte, mit Sicherheit nicht für seinen neuen Luxuslebensstil ausreichen würde.

Spare alles, um dann irgendwann ein gutes Leben zu haben, wenn du alt bist oder ein Haus bauen willst. Was für ein Lebensmotto der Elterngeneration, dachte Vince. Die Zukunft wird in der Gegenwart gestaltet – ja, das mag stimmen. Aber anders als sie alle dachten –, nämlich indem man Erinnerungen sammelte, die man dann vor dem inneren Auge abspielen konnte, wenn man alt und gebrechlich war, sich nicht mehr bewegen oder nicht mehr ficken konnte.

Oder wenn man im Koma lag.

Irgendwann hatte seine Mum ihr Unverständnis für die aktuelle Situation dann doch akzeptiert. Vince hatte sie damit vertröstet, dass er Jessica bei ihrer Social-Media-Tätigkeit half und dadurch hier und da etwas einnahm. Daraufhin hatte sie ihm versöhnlich doch noch viel Spaß für den Urlaub gewünscht.

Wenn man die Situation von außen betrachtete, war das wohl der größte Fehler seiner Mutter. Sie hätte genau an dieser Stelle noch viel hartnäckiger nachfragen müssen. Sie ahnte ganz sicher etwas, war aber nicht im Geringsten darüber im Bilde, welchen neuen Job ihr Sohn mit seiner Freundin angefangen hatte. Seine Eltern verstanden nichts von der digitalen Welt und zogen sich ängstlich davor zurück, gaben sich der Schwäche hin, einfach wegzuschauen. Seine Mutter verteufelte YouTube und hielt Facebook für die Plattform, auf der alle Leute Bilder ihrer Mahlzeiten hochluden. Damit wollte sie nichts zu tun haben, auch wenn sich viele in ihrem Alter auf Facebook tummelten. Ein weiterer Grund war, dass sie im Internet nicht zu sehen sein wollte –, nutzte aber paradoxerweise WhatsApp.

Jeder Mensch war heutzutage digital durchleuchtbar. Und einige Menschen konnte man im Netz sogar bis in jede Körperöffnung durchleuchten – so wie ihren Sohn.

»Das hier könnte für immer unser Leben sein«, flüsterte er Jessica ins Ohr. »Und niemand wird es kapieren. Niemand wird verstehen, was wir machen oder wie das alles möglich ist«, hauchte er hinterher.

»Ich bin süchtig nach dir«, erklärte Jessica.

»Und ich bin süchtig nach dir.«

An diesem ersten Urlaubstag erfanden sie ein völlig neues Genre für Pornoinhalte: »Sex Diary«.

Vince' Freundin kannte sich bestens damit aus, routiniert und unterhaltsam Vlog-Aufnahmen für ihre Instagram-Story oder ihren YouTube-Kanal zu produzieren. Und von heute an würden sie diese Aufnahmen um Sex-Tapes erweitern, die dann kostenpflichtig von ihren gemeinsamen Abonnenten des Camshow-Profils gekauft werden konnten.

Premium Content.

Authentisch und nahbar.

Natürlich wusste Jessicas Community weiterhin nichts von ihrer noch intimeren Präsenz im Netz.

Wobei, was heißt natürlich?

Jessica und Vince gaben sich zwar weiterhin der Illusion hin, dass man Inhalte im Netz für gewisse Länder sperren konnte –, und in Deutschland war noch immer kein Häkchen für die Anzeige ihrer Videos und Streams gesetzt. Dass sie jedoch glaubten, damit wirklich geschützt zu sein, hatte wohl eher mit naivem, unreflektiertem Denken zu tun. Das Internet funktionierte auch über Ländergrenzen. Und tief im Inneren wusste Vince das sicher zu diesem Zeitpunkt schon. Sie waren schließlich Digital Natives und nicht so ahnungslos wie ihre Eltern.

Aber sie wollten es nicht wahrhaben. Ihr aktuelles Leben war viel zu verlockend, um es kritisch zu hinterfragen, um sich den Tatsachen zu stellen. Dafür fühlten sie sich gemeinsam zu unantastbar. Ihre Liebe und ihr Leben waren stärker. Und wie jeder weiß, funktioniert Liebe nicht kopfgesteuert. Ein perfektes Leben ist wie ein heftig strömender Fluss, dem sich jeder hingeben würde. Ihre Gefühle, die im Bauch stets Wärme hervorriefen, wirkten wie unaufhörlich aufschäumende Wellen, die die Geschwindigkeit des Stroms dauernd erhöhten und den Verstand durcheinanderwirbelten.

Niemand würde gegen den Strom schwimmen. Nicht in dieser Situation. Niemand würde gegen diese Geschwindigkeit ankommen. Und vor allem wollten Jessica und er nichts dagegen tun, weil sie ihre Geschwindigkeit liebten. Solange sie ihre Geschwindigkeit beibehielten, spielten alle Abzweigungen und Gefahren keine Rolle. Alles würde daran abprallen, nichts konnte Einfluss nehmen. Sie schnellten immer weiter, hielten die Richtung bei, ohne zu fragen, wohin es genau ging.

Schneller.

Immer schneller.

Das einzige Ziel war, nicht das Tempo zu verlieren, bis sich daraus irgendwann eine alles verschlingende, turmhohe Monsterwelle formen würde. Aber Jessica und Vince hatten keine Angst vor dieser Welle. Sie glaubten, bis zum letzten Brechen dieser Kraft darauf surfen zu können.

Für immer.

Bis zum Tod.

Sie waren so verliebt ineinander, dass sie alles andere

und auch alle anderen Menschen ausblendeten. Vor allem hassten sie die routinierte Gesellschaft, die sich selbst einem Strom hingegeben hatte, der viel zu langsam, viel zu langweilig war und sich wie ein lauter Wasserfall in Richtung Lebensmüdigkeit ergoss.

Sie filmten sich am Büfett.

Er aß grünen Salat, frisch gebratenen Tofu und Halloumi mit gerösteten Kartoffelecken, während Jessica sich auf die verschiedenen Pastasorten konzentrierte. Was für eine Auswahl!

Nach dem Essen lagen sie am wunderschönen Sandstrand und ließen die heiße Sonne auf ihre Haut strahlen, bis sie irgendwann die Bucht hinaufwanderten und hinter großen Felsen verschwanden. Ein Traumurlaub. All inclusive. Grenzenlos. Ihr neuer Nebenjob war wie ein Schlupfloch im System, mit dem jeder reich werden konnte, das aber kaum jemand entdecken und nutzen würde. Der Wind spritzte das salzige Meerwasser hoch und ließ es regentropfenartig auf Vince prasseln, während er Jessica Doggy Style nahm.

Die Vlog-Kamera zeichnete alles auf.

Sie zeichnete auch auf, wie Vince und Jessica danach zurück zum Hotel spazierten und wie sie noch am selben Nachmittag surfen gingen.

Vince reihte die Aufnahmen mit Hilfe eines Schnittprogramms in einem höchst kreativen Rhythmus aneinander –

vereint in einer eindrucksvollen Montage –, bis das fertige Produkt schließlich auf der erotischen Streaming-Plattform landete. Gegen ihre innovative Vlog-Serie war »Netflix and Chill« nichts.

Kapitel 19

Vince hatte sich ein paar Straßen von seinem spanischen Zuhause weggeschlichen, um sich den »Shine«-Livestream ungestört ansehen zu können. Er war zu Fuß bei einer leeren Burger-King-Filiale gelandet, die kostenloses WLAN zur Verfügung stellte, und hatte sich eine Cola bestellt. Die Pappbecher wurden in Spanien standardmäßig mit Eiswürfeln gefüllt und fühlten sich dadurch schnell etwas durchgeweicht an. Wenigstens durfte er damit so oft zum Zapfautomaten, wie er wollte. Mal schauen, wie lange der Stream dauern würde.

Er öffnete die »Shine«-Instagram-Präsenz und startete die Übertragung. Zunächst war noch eine strahlende, gutaussehende Moderatorin zu sehen, die über den Pink Carpet lief, Influencer*innen-Stars abfing und interviewte. Vince war zehn Minuten zu früh dran, weil er sehen wollte, ob vor Jessicas Interview vielleicht etwas über ihre Beziehung oder den eskalierenden Showdown bis zur Trennung berichtet wurde.

Die sehr professionelle und etwas zu gut gelaunte Moderatorin lobte die Glamour-Outfits der Girls und erkundigte sich nach den getragenen Marken. Oben links im Bild war etwas zu klein und etwas zu unscheinbar der Hashtag *Wer-*

bung platziert, während ausgelassen und euphorisch über die Fashion Brands gesprochen wurde. An der Absperrung zum Teppich standen unzählige sehr junge Mädchen, die die Influencer*innen kreischend für ein Selfie zu sich locken wollten und prall gefüllte Goodie Bags von den einzelnen Ständen an den Armen hängen hatten. Das Jahresmotto der Messe war, man selbst zu sein und sich nicht zu verstellen. Witzig, überlegte Vince, wenn man bedachte, dass alle hier angebotenen Produkte darauf abzielten, das Äußere zu optimieren, sich anzupassen und unaufhörlich Schönheitsidealen nachzueifern. Er wollte nicht zu kritisch sein, schließlich legte auch er Wert auf Pflege und Modetrends und gab sich Mühe, einigermaßen gut auszusehen. Aber die gesamte Mischung auf diesem Event wirkte schrecklich künstlich und falsch auf ihn – das Dauerlächeln der Influencer*innen, die verkrampften Schritte, als würden sie bei jeder Bewegung für ein neues Instagram-Bild posieren … Das fühlte sich nicht gesund an.

Klar, hin und wieder posteten die Leute im Rahmen ihrer Vorbildfunktion ungeschminkte Bilder, um real rüberzukommen und zu betonen, dass jeder sich selbst lieben und zu sich stehen sollte. Und es war ja auch nichts verwerflich daran, sich schick zu machen. Problematisch war jedoch der Stellenwert, den diese Sucht nach einer unnatürlich vereinheitlichten Vorstellung von Schönheit in dieser jungen Generation einzunehmen begann. Wenn man dann noch bedachte, dass eine Social-Media-Plattform wie Instagram gänzlich darauf ausgerichtet war, sich über das Äußere zu präsentieren, sich mit Filtern und Bearbeitungen zu identifizieren und schließlich vergleichbar darzustellen, um dafür Anerkennung zu bekommen, war diese Orientierung an perfektioniertem Fake ein Realität gewordenes Extrem, das ohne Ziel und rein konsumorientiert vor sich hin brodelte.

Jessica und er hatten während ihrer Beziehung oft darüber gesprochen. Natürlich musste auch sie die Inhalte liefern, die ihre Follower auf einer Plattform wie Instagram erwarteten, und das machte ihr großen Spaß, aber sie hatte dabei immer Wert darauf gelegt, ihr Profil transparent als eine geschönte Facette ihres Lebens zu kommunizieren.

An einem Nachmittag hatten Vince und sie gemeinsam Studien gelesen, die belegten, dass vor allem junge Mädchen, die täglich mehr als zwei Stunden auf Instagram abhingen, die Plattform am Ende mit einem schlechten Gefühl verließen. Was für ein anderes Gefühl sollte auch entstehen? Wer hier zu lange konsumierte, fühlte sich am Ende hässlich und unvollkommen, als würde er ein langweiliges Leben führen. Weil alle Influencer*innen diese eine, perfekte Facette ihres Lebens als einzige Wahrheit verkauften. Jeder wollte perfekt sein. Jeder wollte gleich sein. Alle strebten nach einheitlichen, oberflächlichen Merkmalen, Marken und Idealen.

Plötzlich wurde die Moderatorin ganz aufgeregt, drehte

sich direkt in die vertikal filmende Kamera und erklärte, dass sie nun zum Highlight-Talk des Tages überleiten würde. Nach einer von der Moderatorin als »ewig« überdramatisiert betitelten Social-Media-Pause (Anmerkung von Vince: Eigentlich waren es nur drei Wochen gewesen, in denen Jessica sogar ein Bild und eine Story gepostet hatte), die sicher mit einer »heftigen Phase der Selbstfindung« einhergegangen war, würde sich Jessica nun auf der Main Stage exklusiv und ausführlich mit ihrem Kollegen Jimmy unterhalten.

Vince merkte, wie auch bei ihm die Aufregung zunahm, wie sein Puls stieg, wie er sogar zu zittern begann.

Cut.

Der Stream war scheinbar abgestürzt. Bei digitalen Übertragungen lief noch nicht alles perfekt. Hektisch rief Vince das »Shine«-Profil auf und klickte erneut auf den Livestream.

Die Bühne war noch menschenleer. Nur zwei große flauschige rosafarbene Sessel standen bereit.

Moderator Jimmy betrat in einem weißen Anzug die Bühne, sein breites Grinsen entblößte strahlend weiße, gebleichte Zähne. Die live anwesenden Zuschauer applaudierten. Musik wurde eingespielt, die in dieser Übertragung allerdings eher blechern und kratzig klang.

Jimmy setzte sich auf den linken Sessel und schaute in die Kamera. »Herzlich willkommen«, begrüßte er das Publikum vor Ort und hinter den Bildschirmen und bedankte sich daraufhin bei irgendeiner Marke, die mit einer neuen Produktreihe den Talk präsentierte und diesen – überplakativ und werbewirksam gesprochen – überhaupt erst möglich gemacht hatte.

Blablabla …

Dann wurde es spannend.

»Wir dürfen heute ein Sternchen begrüßen, das einen sehr holprigen und sehr aufregenden Weg hinter sich hat. Sie hatte in den letzten Wochen mit überwältigenden Reaktionen zu kämpfen, und es wurden Bereiche ihres Lebens öffentlich, die jeder mit Sicherheit lieber privat hält. Wir werden mit ihr darüber sprechen, ob es für sie so etwas wie Privatsphäre überhaupt gibt, wie sie mit dem Shitstorm der letzten Wochen umgegangen ist und was sie in Zukunft vorhat. Ich möchte eines vorwegsagen: Bitte seht von billigen Bemerkungen ab und empfangt unseren Gast fair und respektvoll, denn jeder macht Fehler. Sie ist noch sehr jung, und ehrlich gesagt, steht sie für viel mehr, als die meisten ihr aktuell vielleicht zugestehen. In meinen Augen ist sie vor allem auch eine moderne Feministin. Bitte begrüßt mit mir und mit einem tosenden Applaus: Jessica, die vielleicht provokanteste und gleichzeitig relevanteste Influencerin dieses Jahres! Herzlich willkommen auf der ›Shine‹! Herzlich willkommen zurück!«

Lauter Applaus.

Dann betrat Jessica in einem wunderschönen weißen Kleid die Bühne und ging schnurstracks und kontrolliert Richtung rosa Sessel.

Vince überlegte kurz, wie sie wohl ihren Vater überzeugt hatte, dieses Interview geben zu dürfen. Vermutlich wusste er gar nichts davon.

Sie nahm Platz, schlug die Beine übereinander und setzte ein professionelles Lächeln auf. Sie hatte einen sehr auffälligen roten Lippenstift aufgetragen.

»Hi! Und erst einmal vielen Dank, dass ich heute hier sein darf. Es ist wirklich ganz großartig hier!«, waren ihre ersten Worte.

»Es ist ganz großartig, dass du gekommen bist! Ich freue mich wahnsinnig, heute mit dir etwas Licht ins Dunkel zu bringen«, erwiderte Jimmy euphorisch.

»Wir können es auf jeden Fall versuchen.« Jessica grinste skeptisch.

»Du bist explodiert. Ich meine, du hast in den letzten Wochen achthunderttausend neue Follower dazubekommen. Wie fühlt sich das an? Und wie nimmst du all diese Leute gerade wahr?«

»Es ist wirklich kaum zu glauben. Diese ganze Situation ist kaum zu glauben. Und ehrlich gesagt, ist das für mich alles noch nicht so richtig realisierbar und präsent. Im Moment schiebe ich noch alles von mir weg. Ich kann mich kaum überwinden, mich auf meinem Insta-Profil anzumelden. Also nicht falsch verstehen, ich bekomme ganz viel Zuspruch und aufmunternde Nachrichten, aber da ist gleichzeitig dieser Berg aus Hass. Ich erhalte nach wie vor Messages, die mich persönlich heftig beleidigen, dass ich darauf so gar nicht klarkomme. Aber ich will diesen Nachrichten keine Plattform bieten«, erklärte Jessica ernst und darauf bedacht, die richtigen Worte zu wählen.

»Du hast es nirgendwo ganz klar kommuniziert, deswegen frage ich dich jetzt einmal direkt, um endgültig Klarheit zu schaffen: Ist dein Freund noch an deiner Seite?«

Stille.

Jessica schaute für einige Sekunden auf den Boden, während Vince unglaublich warm wurde. Seine Hände umschlossen den Pappbecher, in dem die Eiswürfel bereits vollständig geschmolzen waren.

»Nein. Wir haben uns getrennt. Ehrlich gesagt, kann ich mir aber auch nicht vorstellen, dass irgendeine Beziehung das ausgehalten hätte«, sagte sie nachdenklich und leise.

»Letztlich stellt sich wohl auch die Frage, wie viel Liebe hier im Spiel war, richtig? Ich meine, es wurden in den letzten Wochen viele Vorwürfe laut, die sich vor allem an ihn richteten –«

»Er ist kein Vergewaltiger!«, unterbrach Jessica den Moderator.

»In Ordnung. Jessica, darf ich dich etwas fragen, das mich ganz besonders interessiert?«

Sie nickte.

»Bereust du, was ihr getan habt?«

»Nein.« Ihre Antwort kam prompt und ohne einen Zweifel.

Vince runzelte die Stirn. Er versuchte, ruhig und kontrolliert zu atmen, während er seine Exfreundin auf dem Handydisplay betrachtete. Es war schon verrückt, wie stark ihre Followerzahl in dieser kurzen Zeit gestiegen war, wie abgeklärt sie wirkte, während sie dort saß. War sie an dieser ganzen Situation gewachsen, während er sich in ein Versteck geflüchtet hatte?

Hinter den Sesseln wurde nun das Instagram-Profil von Jessica an die Leinwand projiziert.

»Ich vermute mal, dass alle Zuschauer dich sehr gut kennen, Jessica. Für diejenigen, die gerade kein genaues Bild vor Augen haben, zeigen wir hier kurz dein Instagram-Profil, das dich perfekt charakterisiert und vorstellt. Sofort wird dein Markenzeichen deutlich: deine wunderschönen langen Haare und deine rehbraunen Augen.«

Jessica lachte. »Ich glaube nicht, dass man einen Menschen anhand seines Instagram-Profils charakterisieren kann«, entgegnete sie.

Kurzer Applaus.

»Nun gut, mag sein. Aber es ist die Plattform, auf der dich deine Fans kennenlernen und wahrnehmen. Du zeigst dort täglich dein Leben. Und du bist jemand, der Einblicke gegeben hat, die die meisten lieber hinter verschlossenen Türen halten. Hättest du dir mehr Gedanken über Privatsphäre und Intimität machen sollen? War das alles ein Fehler?«, fragte Jimmy nüchtern und dennoch bedeutungsvoll betont.

»Ich glaube, ohne jemanden angreifen zu wollen, dass nur die Reaktionen ein Fehler sind. Klar, jeder in meinem Umfeld sieht das anders, die meisten sagen sogar, dass ich einfach alles falsch gemacht habe, was man nur falsch machen kann. Aber ich werde daran nicht kaputtgehen, weißt du. Ich bin keine Schlampe, und ich werde jetzt auch sicher keine Pornodarstellerin oder so. Jeder Mensch hat Sex, und für mich hat es sich nicht falsch angefühlt, mit meinem Freund vor der Kamera intim zu werden und die Aufnahmen zu teilen. Ich werde auch in Zukunft meinen Körper zeigen. Nicht während ich Sex habe, aber …« Sie stockte kurz, bevor sie fortfuhr: »Ich werde auch in Zukunft weiter offen über viele Themen sprechen, auch wenn ich manchmal Albträume habe und mich vor Männern ekele. Wenn du all die Nachrichten lesen würdest, in denen mir damit gedroht wird, mich kaputtzuvergewaltigen … Aber ich will hier niemanden angreifen. Ich habe das selbst provoziert, das ist mir klar.«

»Ist das so?«, fragte Jimmy. »Ich meine, in was für einer Welt leben wir? Alles wird digital. Die Reaktionen im Netz sind enthemmter, direkter und oft auch würdelos. Ich finde deine Gedanken sehr spannend, Jessica. Denn am Ende des Tages sind gewisse Reaktionen nicht akzeptabel, auch nicht wenn sich Leute provoziert fühlen. Gleichzeitig frage ich mich aber auch, was gerade deine Mission ist. Ich meine, auf deinem ersten Bild nach dieser ganzen Misere zeigst du dich im Bikini. Was soll das?«

»Jede Frau sollte ihren Körper so zeigen können, wie sie will«, antwortete Jessica knapp.

Vince fragte sich, ob diese Art der Präsentation wirklich das ist, was Frauen wollen. Oder war diese Darstellung doch nur eine Folge von männlichen Forderungen?

Jessica brach die Stille, die nach ihrer Aussage eingetreten war. »Weißt du, was ironischerweise witzig an dem Ganzen ist? Ich kann nicht noch mehr sexualisiert werden, weil ich jegliche Sexualisierung vorweggenommen habe. Es ist alles gezeigt. Vielleicht hören Männer jetzt endlich auf, mich zu einem Objekt zu machen, wo es nichts Neues mehr zu sehen gibt. Vielleicht entsteht jetzt irgendwo ein Platz für mehr. Und glaub mir, ich will mehr sein als mein Körper. Der Fehler ist nicht meine Darstellung, sondern die Betrachtungsweise.«

Vince fragte sich, ob das, was seine Exfreundin gerade sagte, Sinn ergab oder eine abgedrehte Argumentation war. Trug Jessica gerade dazu bei, dass Frauen weniger sexualisiert wurden? Oder wollte sie die ganze Situation nur für sich rechtfertigen oder sogar instrumentalisieren?

Und wer wäre überhaupt dazu in der Lage, das final einzuschätzen?

Mit Sicherheit nicht er als ihr »Vergewaltiger«.

»Aber was ist das für ein Gefühl, dass fast jeder diese Aufnahmen von dir gesehen hat?«, fragte Jimmy und beugte sich dabei etwas nach vorn.

»Es ist mir egal«, antwortete Jessica. »Ja, ich hatte Angst davor, dadurch nur noch als Objekt wahrgenommen zu werden. Das meinte ich mit problematischen Reaktionen. Durch die Nachrichten vieler Jungs und Männer fühlte ich mich nur noch wie ein Ding. Aber ich will jetzt und in Zukunft für etwas anderes stehen, ich will keine Porno-Queen werden. Ich wollte ja auch nie, dass alle von den Streams erfahren.«

»Aber das war doch sehr naiv, oder nicht? Zu glauben, dass diese Aufnahmen nicht irgendwann entdeckt werden? Sie waren ja zu jeder Zeit öffentlich«, erklärte Jimmy.

»Ja, das stimmt. Das war naiv. Aber es hat sich auch gut angefühlt, weil es aus Liebe passiert ist.«

»Und genau das ist der Punkt, an dem sich aktuell die Geister scheiden. Viele sagen, dass das, was Vince und dir widerfahren ist, nichts mit Liebe zu tun haben kann, sondern dass ihr das beste Beispiel einer viel zu sehr auf Sex getrimmten Generation seid, die pornosüchtig ist und permanent nach Befriedigung sucht«, versuchte Jimmy, das Gespräch in eine noch spannendere Richtung zu lenken.

»Also ich bin nicht pornosüchtig«, antwortete Jessica.

»Ja, aber was ist mit den Jungs in deinem Alter?«, fragte Jimmy. »Was ist mit deinem Exfreund?«

Vince lief ein kalter Schauer über den Rücken. In diesem Moment hatte er das Gefühl, als würde sich sein Penis in seinen Körper zurückziehen, während seine Hoden zusammenschrumpften. Er hasste sich für das, was er war. Dieser Jimmy hatte recht.

»Wir haben alles aus Liebe gemacht, nicht weil uns irgendetwas dazu getrieben hat. Wir fanden es einfach geil«, antwortete Jessica ernst.

Sie schlug sich gut, stellte Vince fest. Sie machte einen gefassten Eindruck, und dieses Gespräch würde sicher dafür sorgen, dass die Leute sie noch sympathischer beziehungsweise wieder sympathisch finden würden.

Erst als er mitten in der Nacht – während er immer noch bei Burger King saß – einen Anruf von einer völlig aufgelösten Jessica bekam, realisierte er, dass er bei diesem Talk nur eine Facette ihres derzeitigen Zustands gesehen hatte.

Er hatte sie auf seinem Handy nie blockiert, ihr lediglich einfach nicht mehr geschrieben. Aus Respekt. Aus Angst. Weil er sich schuldig fühlte. Deshalb kam ihr Anruf direkt bei ihm an.

»Vince?«, fragte sie mit zittriger Stimme.

»Ja?«, antwortete er, weil er nicht wusste, was er sonst sagen sollte.

»Tut mir leid, dass ich dich anrufe«, entschuldigte sie sich.

»Ist schön, deine Stimme zu hören«, erwiderte er beruhigend.

»Ich muss dir was erzählen.«

»Okay«, antwortete er wieder sehr knapp.

»Ich weiß nicht, mit wem ich sonst darüber reden soll.«

Stille.

»Ich war heute bei so einem Talk eingeladen auf einer Beauty-Convention.«

»Ja, hab ich gesehen«, unterbrach er sie.

Wieder Stille.

»Okay. Ich hatte da im Anschluss ein Meet and Greet und so'n Typ hat mir an den Arsch gefasst, als wir ein Selfie gemacht haben … verstehst du … einfach so … als wäre es ganz selbstverständlich.«

»Fuck, was hast du gemacht?« Vince war plötzlich super aufgebracht.

»Nichts«, antwortete Jessica und bekam ihre Stimme etwas in den Griff.

Erneut ekelhafte, unerträgliche Stille.

»Du musst das Schwein anzeigen, Schatz … äh … Jessica, und zwar sofort«, schlug Vince hektisch vor. »Weißt du, wie der heißt? Irgendetwas?«

»Nein, das mach ich nicht«, stellte Jessica sofort klar und wirkte dabei sehr überzeugt.

»Du musst! Ich meine, der darf damit nicht durchkommen. Dieser Wichser, ganz ehrlich!« Vince war außer sich.

»Du glaubst doch wohl nicht, dass ich jetzt, nach allem was passiert ist, eine Missbrauchsanzeige mache? Nein, das kann ich nicht. Auf keinen Fall!«

»Aber du musst das jemandem erzählen! Sofort!«, versuchte Vince, sie zu überzeugen.

»Alle haben meinetwegen genug durchgemacht.«

Vince wurde in diesem Moment klar, dass Jessica niemandem außer ihm jemals davon erzählen würde. Also beschloss er, sie abzulenken.

»Ich habe gestern von dir geträumt«, begann er.

»Wie romantisch. Nein, ehrlich, sehr romantisch für einen Vergewaltiger«, sagte sie in einem ironischen Tonfall. Sie weinte noch immer ein bisschen.

»Von unserem Ägyptenurlaub, als du das erste Mal vor mir gefurzt hast.«

»Du bist so ein Arschloch!«

Sie lachte nicht, aber er wusste, dass er sie mit diesem Satz zum Lächeln gebracht hatte. Er wünschte sich nichts mehr, als ihr Lächeln jetzt sehen zu können.

»Weißt du noch? Die Kissenschlacht danach?«, versuchte er, die Erinnerung auch in ihren Kopf zu holen.

Und es gelang ihm. Die Stimmung wurde immer besser, das Telefonat dauerte immer länger. Er musste schließlich sogar den Burger King verlassen, weil der Laden zumachte.

Also unterhielt er sich draußen auf einem Bordstein sitzend weiter mit ihr.

Als das Gespräch irgendwann auf ein Ende zusteuerte, sagte Vince allerdings etwas, dass alles wieder kaputtmachte:

»Es tut mir leid.«

Daraufhin wurde sie wieder still.

Schließlich erwiderte sie: »Sorry, Vince, aber das hier war doch ein Fehler. Ich hätte dich nicht anrufen dürfen. Du entschuldigst dich für das Falsche. Und deshalb kann ich auch nicht mehr mit dir zusammen sein. Wir lieben uns völlig unterschiedlich, Schatz.«

Dann legte sie auf.

Vince ging in dieser kalten Nacht nachdenklich und verwirrt zurück zum Haus seiner Gastfamilie. Hoffentlich würde sich Luis nicht wieder im Bett neben ihm einen runterholen und sich dabei einen der Streams von ihm und seiner Exfreundin reinziehen.

Er erreichte schließlich die Auffahrt zum Haus, blieb kurz stehen und beschloss, einen öffentlichen Kommentar unter das zuletzt von Jessica gepostete Bild zu schreiben.

Du hast keinen Fehler gemacht.
Und du bist ein Vorbild.

Kapitel 20

Männer wollen Sex von Frauen und nicht umgekehrt. Sicher kam es in Beziehungen auch hin und wieder vor, dass die Frau die ersten Schritte Richtung Bett machte oder mal etwas geiler war. Der pauschale Unterschied lag jedoch darin, dass Annäherungsversuche von Frauen immer angenommen wurden und zu Sex führten, Männer hingegen oft darum kämpfen mussten, eine Frau erfolgreich zu verführen.

»Heute nicht, Schatz.« Das war ein Satz, den man sofort einer Frau zuordnen würde.

Vince und Jessica schauten an diesem regnerischen Tag die neueste Staffel »Haus des Geldes« auf Netflix. Als eine Folge zu Ende war und gerade die nächste begann, küsste Jessica ihn auf die Wange und flüsterte ihm ins Ohr, dass sie Sex haben wollte.

»Jetzt gerade nicht«, nuschelte Vince als Antwort.

Plötzlich herrschte ein seltsames Klima im Raum, während noch das Intro zur neuen Folge lief und sie im Bett nebeneinanderlagen.

Ein solcher Satz rief bei einer Frau Zweifel auf einem ganz anderen Level hervor, als wenn die Partnerin dem Mann den Sex verweigerte. Das war gesellschaftlich so verankert, da war Vince sich sicher. Männer waren geile Hunde, die immer bereit für Sex waren. Frauen mochten Sex definitiv auch, hatten selbstverständlich auch mal diesen heftigen Trieb, brauchten Sex aber deutlich seltener. Punkt. Pauschalurteil.

Natürlich waren Vince' Gedanken mega klischeehaft, aber Fakt war, dass Jessica mit dieser Situation nicht klarkam, so dass Vince sich beinahe verpflichtet fühlte, doch noch mit ihr zu schlafen, auch wenn er heute einfach mal keine Lust hatte.

Er beugte sich zu Jessica, küsste ihre Stirn und sagte: »Ich liebe dich.«

Sie antwortete nicht, sondern starrte weiter auf den Fernseher.

»Ist alles gut bei dir?«, fragte er.

»Ja«, war ihre knappe Antwort.

»Ich hab eine andere, deswegen will ich jetzt nicht mit dir schlafen«, provozierte er sie ironisch.

»Du bist doof«, entgegnete sie immer noch genervt, aber gleichzeitig auch etwas lockerer und mit den Augen rollend.

Dann kehrte wieder Stille ein, und sie schauten weiter.

Wie oft hatte man in einer guten Beziehung Sex? Und war es okay, als Mann auch mal nicht geil zu sein? Wie sehr war ihre leichte Wut gerechtfertigt, und was löste er mit seiner Verweigerung am heutigen Tag bei ihr aus?

Der folgende Gedanke war ihm zwar nicht ganz angenehm, aber er musste sich eingestehen, dass er sich in diesem Moment durch die Verweigerung auch ein bisschen mächtig fühlte. Schließlich tat er etwas, das dem typischen Handeln von Männern widersprach. Er nahm seiner Freundin etwas weg, das sie sonst stets kontrollierte, denn mit Sex konnte man einen Jungen immer locken. Jetzt hatte er die Kontrolle zurückgewonnen.

Sie war sein Mädchen.

Mein Mädchen.

Was für eine abartige Formulierung, urteilte Vince in diesem Moment. *Mein Mädchen.* Als würde man in einer Beziehung den anderen Menschen besitzen. Aber zurück zum ursprünglichen Gedanken.

Wie elementar war Sex für eine Beziehung?

Wahnsinnig elementar.

Wie elementar war Sex als Ausdruck von Liebe?

Unfassbar elementar.

Ja, Sex war seiner Meinung nach das entscheidende Liebeselement: Wenn der Sex in einer Beziehung passte, dann regelte sich auch alles andere irgendwie. Zumindest pauschal gesagt. Denn nur Sex reichte natürlich nicht dauerhaft für eine erfüllte Liebesbeziehung.

Liebe war definitiv auch mehr als Sex, war etwas Größeres als Sex, gleichzeitig aber gänzlich abhängig von Sex.

Sex. Sex. Liebe.

Sex aus Liebe. Liebe aus Sex.

Kein Sex.

Was machte es mit Jessica, dass er heute keinen Sex wollte?

Das musste doch möglich sein, ohne dass es gleich kriselte?

Wer hatte all diese Annahmen und Voraussetzungen überhaupt definiert?

Letztlich war die Unterteilung in Geschlechterklischees sowieso völlig überholt, auch in diesem Punkt war sich Vince sicher. In einer homosexuellen Beziehung würde es ja auch immer mal einen Partner geben, der gerade mehr oder weniger Bock auf Sex hatte. Das Ideal wäre aber, dass beide gleich geil sind.

Moment mal …

Sex war das wesentlichste Element von Liebe?

Hatte er das gerade wirklich so gedacht?

Es gab schließlich viele ältere Paare, die sich auch ohne Sex noch liebten und die wahrscheinlich am ehesten dem Ideal der perfekten Liebe entsprachen. Hier war Liebe mit gegenseitigem Vertrauen, das sich über Jahrzehnte aufgebaut hatte, mit Zuneigung und Wertschätzung verbunden.

Aber das war auch wieder falsch oder nicht zu Ende gedacht. Klar, es gab auch Paare, die sich erst im Alter kennenlernten und gänzlich ohne Sex liebten. Aber die meisten älteren Paare hatten immerhin noch die Erinnerung an ein gemeinsames Sexleben mit ihrem Partner, vielleicht waren sogar noch mehr ältere Paare im Bett aktiv, als Vince sich gerade vorstellen konnte. Junge Paare würden ohne Sex beziehungsweise ohne das Verlangen nach Sex nicht lange zusammenbleiben, so viel war klar.

Jessica wollte Sex. Und er gab diesem Verlangen nicht nach. Ihm war gerade nicht danach. Das war unmännlich – und schenkte ihm gleichzeitig Macht und Dominanz.

Unmännliche Dominanz.

So wie er sie nicht zum Orgasmus bringen konnte.

Vince war kein richtiger Mann. Genau das spürte Jessica in diesem Moment wahrscheinlich auch, weshalb die Situation so war, wie sie war. Unerträglich. Frostig.

Sie hatte einen Mann an ihrer Seite, der nicht männlich genug war.

Frauen fanden Männlichkeit und Dominanz attraktiv. Dominanz im Bett. Man konnte es drehen und wenden, wie man wollte.

Frauen waren auf der Suche nach Männlichkeit. Wenn sie sich zwischen zwei Männern entscheiden müssten, würden sie zur männlicheren Variante tendieren.

Das ist schon wieder Quatsch. Manche lieben auch die Sanfteren, die Schüchternen. Aber im Kern wollte jede Frau beschützt werden. Also brauchte jede Frau einen Beschützer.

Du denkst viel zu pauschal, Vince, unterbrach er seine Überlegungen. Es ist doch alles okay. Klar, die Stimmung ist nicht optimal. Aber ihr schaut euch doch gerade entspannt die Serie an. Also entspann dich auch.

Er war ja sehr experimentierfreudig und hatte oft Sex mit Jessica, beruhigte er sich. Nur eben jetzt gerade nicht. Mal kurz gegen den Strom schwimmen, mal kurz innehalten.

Er stand auf und ging ins Bad.

»Du ziehst dir jetzt aber keinen Porno rein, oder?«, fragte Jessica, bevor er das Zimmer verließ.

»Alter, Schatz …« Er verdrehte die Augen.

Man konnte nichts erreichen, wenn man gegen den Strom schwamm. Nur wer mit dem Strom schwimmt, kann etwas verändern.

Nur wer Sex hat, kann wahrlich lieben.

Kapitel 21

Du hast keinen Fehler gemacht.
Und du bist ein Vorbild.

Es war sechs Uhr morgens, als Vince durch die Kommentare unter dem Bild von Jessica scrollte und nach seinem Post suchte. Entweder hatte er alles nur geträumt, oder der Post war bereits entfernt worden.

Gelöscht.

Die meisten neuen Kommentare unter Jessicas einige Tage altem Bikinibild, die alle gestern während und nach dem »Shine«-Interview geschrieben worden waren, beinhalteten Zuspruch, Aufmunterung und Verständnis, was noch einmal bewies, wie gut Jessica sich im Gespräch auf der Convention geschlagen hatte.

Du bist so eine starke Frau!

Wir müssen uns nicht für Sex schämen!
Du hast mit allem so recht!

Das, was dir passiert ist, hat niemand verdient! Erst recht nicht so ein tolles und wunderschönes Mädchen wie du! Bin immer für dich da!

So ein tolles und wunderschönes Mädchen. Vince musste schmunzeln, denn die Person, die es mit diesen Worten sicher nur gut meinte, reduzierte Jessica damit doch wieder lediglich auf ihr Äußeres.

Ein paar Leute beschimpften Jessica auch nach diesem Interview weiterhin als Schlampe oder Nutte und vergaßen dabei anscheinend, dass diese Beleidigungen öffentlich stattfanden und jederzeit zur Anzeige gebracht werden konnten. Oder es war ihnen egal. Jessicas Community antwortete aber zum Glück verlässlich kritisch und wütend auf die Hassnachrichten. Jessica selbst klinkte sich in die Diskussionen nur selten mit einem Liken der Verteidigungskommentare oder einem etwas provokanten Antwortsatz ein.

Als dann plötzlich eine WhatsApp-Nachricht von Jessica am oberen Bildschirmrand von Vince' Smartphone aufploppte, wurde schnell klar, was mit seinem Kommentar geschehen war.

Nicht dass du dich wunderst, ich habe deinen Kommentar gelöscht. Wir sollten das alles getrennt halten. Danke fürs Aufmuntern gestern, wirklich, aber wir sollten keinen Kontakt mehr haben. Das bringt nichts, du wirst das nicht verstehen. Mach's gut, Vincent!

Vincent. Niemand sprach ihn mit seinem vollen Namen an. Das hatte auch Jessica noch nie gemacht.

Wollte sie ihn provozieren? Wollte sie eigentlich doch eine Reaktion von ihm? War das ein Test? Sofort überschlugen sich seine Gedanken, und er begann, etwas in das Nachrichtenfeld zu tippen.

Ich habe das sooo gerne gemacht. Es war echt schön, deine Stimme zu hören. Ich will für dich da sein! Wieso schreibst du jetzt so was?!

Er wollte schon auf Senden klicken, als er die Buchstaben nacheinander wieder löschte.

Wir sollten keinen Kontakt mehr haben.

Du wirst das nicht verstehen.

Sie hatte seine Entschuldigung nie richtig angenommen.

Sie wollte seine Entschuldigung nicht.

Sie wollte keinen Kontakt mehr.

Und hier im Chat die Frage zu stellen, was das jetzt soll, war vollkommen sinnlos.

Jemand hatte ihr an den Arsch gefasst, als wäre das ganz selbstverständlich. So wie er alles als selbstverständlich hingenommen hatte. So wie viele Männer es als selbstverständlich betrachteten, mit Frauen anstellen zu dürfen, was sie wollten.

Und er war nicht besser, nein, er war einer von ihnen. Er war schuld daran, dass sie gestern auf der »Shine« sexuell belästigt worden war. Weil er kein Beschützer für sie sein konnte und sie dennoch Millionen Gefahren ausgesetzt hatte.

Lass uns online Sex haben. Wir geben einen Fick, Jessica.

Nein, Vince, du hast einen Fick gegeben.

Und sie jetzt mit einem Vorwurf anzuschreiben, weil sie keinen Kontakt mehr zu ihm haben wollte, wäre der Gipfel gewesen.

Du konntest dich nicht einmal so bei ihr entschuldigen, dass sie es hören wollte. Niemand will dir noch zuhören.

Er zögerte, bevor er wirklich darauf klickte, aber schließlich presste er den Daumen auf den weißen »Abonniert«-Button, der sich sofort blau färbte und dazu aufforderte, dass er Jessica wieder folgte. Aber das war nicht richtig. Daher gab er dem Wunsch der Plattform nicht nach und schloss die App. Er war ihr entfolgt.

Fünfzehn Stunden später hing Vince über der Toilette in Fabios Gäste-WC und musste unkontrolliert kotzen. Seine Magensäure und die halb verdauten Inhalte schossen schwallartig die Speiseröhre hoch und dann aus seinem Mund in die Kloschüssel.

Er hatte sich auf Fabios Hausparty völlig abgeschossen.

Von draußen hämmerte jemand mit der Faust mehrfach gegen die Tür und fragte auf Spanisch, wann das Bad endlich wieder frei war. Aber Vince antwortete nicht. Stattdessen legte er den Kopf auf der weißen Klobrille ab, auf der heute sicher schon der eine oder andere Urintropfen von angetrunkenen Stehpinklern eingetrocknet war. Alles drehte sich. Er fühlte sich hundeelend – und genoss seinen Zustand gleichzeitig sehr. Endlich musste er nicht mehr nachdenken, hatte sich von all seinen Fehlern und Lasten befreit. In dieser Sekunde war er nur irgendein Idiot, der überschätzt hatte, wie viel Alkohol er vertragen konnte.

Natürlich hatte er an diesem Abend nicht einfach so zu viel getrunken, sondern weil er durch den überraschenden Kontakt zu Jessica und den darauf noch überraschender und noch viel schneller folgenden Kontaktabbruch den ganzen Tag über emotional völlig aufgewühlt gewesen war. Aber das spielte jetzt keine Rolle mehr.

Der Würgereiz wurde wieder stärker, und er versuchte, seinen Kopf hochzubekommen. Erneut kam eine ganze Menge Kotze aus seinem Mund gesprudelt. Dieses Mal waren es weniger feste Stücke, sondern vielmehr eine gelbe Flüssigkeit, deren Färbung vor allem durch den Orangensaft entstanden war, den er den ganzen Abend über eins zu eins mit Wodka gemischt hatte. Und zwar viel zu oft. Wodka-O.

Er hatte seinem Körper damit überhaupt nichts Gutes getan. Im schlimmsten Fall würde er heute ersticken, wenn ihn hier niemand rechtzeitig fand. Für zwanzig Minuten schlief er auf der Toilette ein, kam dann wieder zu sich, raffte sich endlich komplett auf und torkelte aus dem WC, das direkt neben der Eingangstür lag. Im Flur stand niemand mehr.

Er trug zwar keine Schuhe, und seine Jacke flog auch noch irgendwo herum, aber er entschied sich mehr oder weniger bewusst dazu, das Haus einfach zu verlassen, und riss die Eingangstür ruckartig auf.

Benommen stolperte er vor sich hin und legte sich wenige Meter vom Haus entfernt auf die Pflastersteine. Er genoss die frische Luft und den kalten Wind, der ihn umgab.

Jetzt war alles egal. Wieder ein Würgereiz, der jedoch schnell nachließ.

Alles egal.

Und aus diesem Grund griff er nach seinem Smartphone, entsperrte es und öffnete die Instagram-App. Er klickte allerdings nicht auf seine Präsenz, sondern wählte Jessicas Konto und versuchte, sich mit dem gespeicherten Passwort anzumelden.

Elendig lange Sekunden und … *Tada!* Es funktionierte. Sie hatte ihr Passwort tatsächlich nicht geändert. Typisch für seine leichtsinnige Generation, die einen Fick auf Datenschutz gab.

Hier war er also. Im Konto seiner Exfreundin. Wie ein Stalker, dem es verboten war, sich seiner ehemals großen Liebe noch zu nähern, und der dennoch nicht von ihr ablassen konnte. So gar nicht.

Er klickte neugierig auf ihre DMs und konnte nicht fassen, was sich hier abspielte.

Das Postfach explodierte.

Zum einen waren da Nachrichten von Mädchen. Und ja, sie waren simpel in Geschlechter zu unterteilen. Sie schrieben ihr primär liebevolle, aufmunternde und verdammt lange Nachrichten. Nur ganz vereinzelt waren auch mal verständnislose oder angriffslustige Vorwürfe darunter.

Vince' betrunkene Augen blinzelten wie wild durch die Nachrichten. Immerhin war er noch dazu in der Lage, einzelne Sätze zu erfassen.

Wir können machen, was wir wollen,
ohne Schlampen zu sein.

Du bist ein Vorbild für mich.

Ich habe deine Videos gesehen, aber sehe dich trotzdem mit den gleichen Augen.

Ich verstehe zwar nicht, wie man so was im Netz machen kann, aber wie du jetzt mit der Situation umgehst, ist echt beeindruckend!

Du bist eine Schande für uns Frauen.
Du billiges Sexobjekt.

Es ist so nice zu sehen, wie selbstbewusst eine Frau sein kann.

Deine Einstellung ist so modern, und ich liebe dich! Mega Interview heute!

Scheiß auf die ganzen Typen, die dir jetzt schreiben! Girls support girls!

Dein Freund war ein Schwein! Ein Vergewaltiger! Halte dich fern von ihm! Der muss ins Gefängnis!

Du bist die vollkommenste und authentischste Influencerin, die ich kenne!

Alle Nachrichten waren mit unglaublich vielen Herzen durchmischt.

Und dann gab es da die Nachrichten von Jungs und Männern, die in Vince – neben dem vom Alkohol hervorgerufenen Kotzreiz – ein vergleichbar angewidertes Gefühl erzeugten. Auch hier gab es positive Nachrichten, aber die konnte man an einer Hand abzählen.

Du bist ein geiles Stück, ich will deinen Körper!

Der Lauch war nichts gegen das, was ich mit dir machen würde.

Es folgten eine Unmenge an Bildern. Hunderte Nudes. Sperma, das mit Photoshop auf Jessicas Gesicht eingefügt worden war. Screenshots aus den Sex-Streams und von reddit.

Du hast jede Vergewaltigung verdient, so wie du dich gibst! Schlampe!

Der Typ hat dich nur benutzt. Bin für dich da, wenn du mal reden willst.

Ich werde dich behindert ficken, wenn ich dich irgendwo sehe!

Und so weiter. Vince begann zu weinen und schmiss sein Handy auf den harten Steinboden, als Luis auf ihn zugestürmt kam. Er beugte sich hektisch über Vince, hatte ihn wohl schon eine ganze Weile gesucht. Vince fiel ihm hilflos in die Arme, packte und umarmte ihn fest. Luis ließ die Berührung zu und klopfte Vince tröstend mit einer Hand auf den Rücken.

Dann begann Vince, Luis' Hals zu küssen.

Kapitel 22

Der Tag, an dem alles herauskam, war unglaublich regnerisch. Große, turmhohe Wolken hingen vom Himmel herab und ergossen sich über den tristen Alltag.

Jessicas Vater war für ein paar Tage auf Dienstreise und ihr großer Bruder Tony seit gut einer Woche nicht mehr nach Hause gekommen. Also hatten Vince und Jessica sich dazu entschlossen, entspannt im Wohnzimmer bei Jessica einen neuen Stream zu starten. Sie saßen nackt auf einer alten Ledercouch, die sie vor die leere weiße Wand geschoben hatten, damit keine Details ihren genauen Standort verrieten. Rund eine Stunde lang streamten sie befreit vor sich hin und boten ihren Zuschauern eher harmloses Petting. Heute war die Zahl der Viewer relativ gering, und es kamen nur wenige Bezahlungen rein.

Unbemerkt von den beiden Amateurstars öffnete sich schließlich die Haustür, und Jessicas Bruder torkelte um zwanzig nach acht an diesem Samstagabend sturzbetrunken herein. Erstaunlicherweise war er dabei leise. Vor allem als er feststellte, dass seine Schwester ihren Freund zu Besuch hatte, bemühte er sich sehr, nicht auf sich aufmerksam zu machen. Die Geräusche aus dem Wohnzimmer mussten ihn hellhörig gemacht haben. Stöhnen. Schmatzen.

Und so wurde er in diese Richtung gelockt, auch wenn er sich eigentlich nur oben in sein Bett legen und ausnüchtern wollte.

Er beobachtete heimlich und verwirrt vom Flur aus, wie Jessica gerade als Highlight des heutigen Streams den Penis von Vince in den Mund nahm, während dieser in die Webcam grinste.

Zuerst flog ein dicker Lederschuh direkt auf die beiden nackten Jugendlichen zu, der Vince mit voller Wucht am Kopf traf. Reflexartig sprang Vince auf und riss den Laptop vom Stromkabel. Er wollte den Bildschirm mit einer hastigen Bewegung zuklappen, doch das Gerät glitt aus seinen mit Gleitgel eingeschmierten Händen und knallte auf den Fußboden.

Wäre der Laptop in diesem Moment doch bloß vollständig zersprungen.

Jessica schrie erschrocken auf, während ihr Bruder mit großen, roten Augen auf sie zustürzte.

»Vergewaltigt das Schwein dich?«, brüllte er lallend, packte seine nackte Schwester an den Oberarmen und zerrte sie hoch.

»Tony, hör auf!«, wimmerte Jessica.

Tony gab ihr eine schallende Ohrfeige und versuchte, sie festzuhalten.

»Filmt er dich dabei?«

Jessica gelang es irgendwie, sich aus seinen Fängen loszureißen. Sie sprang hilflos auf die Couch und verdeckte ihren Schambereich mit einem der weißen Kunstlederkissen.

Jetzt wanderte Tonys Blick von seiner heulenden, verzweifelten Schwester zu Vince.

Dieser zögerte keinen Augenblick länger, denn er verstand den Ernst der Situation. Wie vom Blitz getroffen rannte er an der Couch vorbei in Richtung Flur. Hektisch. Im Moment würde er nichts mit Worten erklären können.

Tony brauchte einen Moment, um zu schalten, stürmte ihm dann aber hinterher. Auf Grund seines eingeschränkten Gleichgewichtsinns knallte er gegen die alte schwarze Kommode im Wohnzimmer, so dass der Abstand zu Vince größer wurde.

Vince rannte splitterfasernackt und ohne zurückzuschauen mitten auf der Straße durch den kalten Regen. Der stürmische Wind peitschte gegen seine nackte Haut. Penis und Hodensack flogen wild durch die Luft, während seine Füße bei jedem Schritt den geteerten Boden spürten und von vereinzelten kleinen Steinchen und Scherben aufgerissen wurden. Blut. Er rannte so schnell, wie er nur konnte. Das hätte niemals passieren dürfen. In diesem Moment wünschte er sich, dass sein noch halb erigiertes Glied nicht existieren würde. Dass er diesem Trieb niemals nachgegeben hätte. Was hatte er seiner Freundin nur angetan? Was zur Hölle würde jetzt passieren? *Du animalisches, unmännliches, pornogieriges Vieh!* Hier war sie. Die Eskalation, die niemals hätte eintreten dürfen. Das Ende ihres Geheimnisses, das sie um alles in der Welt hätten beschützen müssen. Von jetzt an würden sie kein Teil dieser Gesellschaft mehr sein können. Von jetzt an würden sie auf ewig Gejagte sein. Auf ewig Verachtete und Beschmutzte. Vergewaltiger und Schlampe.

Tony hatte sich recht schnell nach der Kommodenkollision wieder aufgerafft, war in die Garage gestürmt und schwang sich in diesem Moment auf sein Motorrad. Seine Schwester eilte von vorn auf das sich öffnende Garagentor zu. Sie griff den Lenker des Motorrads, stemmte sich dagegen, wollte ihren Bruder um jeden Preis daran hindern, Vince hinterherzufahren. Auch sie war immer noch vollständig unbekleidet.

Ungerührt startete Tony den Motor und schubste sie weg. Er war außer sich. Seine Schwester platschte wehrlos auf den dreckigen Garagenboden.

Tony bekam Vince an diesem Abend nicht zu fassen. Er schoss auf seinem Motorrad an dem nackten, jungen Mann vorbei, der sich klugerweise irgendwann während seiner intuitiven Flucht dazu entschieden hatte, hinter einem roten Smart in Deckung zu gehen.

Etwa eine halbe Stunde lang suchte Tony wohl nach

ihm – Vince wusste das alles nur aus Erzählungen –, dann machte er sich in seinem benebelten Zustand und, ohne seine Aggression an dem mutmaßlichen Vergewaltiger entladen zu haben, mit 2,4 Promille »ernüchtert« wieder auf den Weg nach Hause. Allerdings nicht, um mit Jessica über alles zu sprechen. Nein, sie saß weinend unter der Dusche, während er sich den Laptop schnappte und damit zu seinen drogenbegeisterten Freunden fuhr. Dort dröhnte er sich zu und wollte den Laptop verbrennen. Als wäre das Problem damit gelöst. Es gelang ihm zwar auch, das Gerät zu zerstören, indem er es mehrfach gegen eine Steinwand schlug, allerdings hatte er seinen Freunden schon zu viel erzählt – und einer hatte das Streaming-Profil seiner Schwester innerhalb weniger Minuten ausfindig gemacht. Die bekifften jungen Männer schauten sich nacheinander alle Streams in voller Länge an. Sie lachten dabei und hatten unfassbar viel Spaß daran. Während Tonys Wut mit jeder Sekunde weiter anstieg, verbreitete sich die Neuigkeit innerhalb weniger Stunden überall im Ort.

Noch in derselben Nacht kam auch Jessicas Vater völlig aufgelöst und vorzeitig von seiner Dienstreise zurück. Eine Bekannte hatte ihn angerufen und informiert. Er entdeckte seine zitternde Tochter, die noch immer unter der Dusche saß, obwohl das Wasser nicht mehr lief. Er wollte auf sie zugehen, sie in den Arm nehmen, sie ins Bett bringen, für sie da sein – machte stattdessen aber kehrt und füllte sich im Wohnzimmer einen Whiskey ein.

Tony fuhr in der Morgendämmerung immer noch high und betrunken auf dem Weg nach Hause gegen einen Baum und landete mit einer Gehirnerschütterung im Krankenhaus. Weil sich ebenfalls herumsprach, dass er an diesem Abend Rauschmittel bei und in sich hatte, wurde er von der Schule verwiesen.

Vince brauchte in der Nacht rund drei Stunden, um nach Hause zu kommen. Er musste sich immer wieder hinter Hecken, Mülltonnen und Autos verstecken, um nicht nackt von Passanten entdeckt zu werden. Als er die Wohnung seiner Mutter endlich erreichte, war er erleichtert, dass sie wieder einmal bei ihrem Freund übernachtete.

Die Tür fiel hinter ihm ins Schloss. Seine Lunge pumpte auf Hochtouren, die zitternde Gänsehaut zog sich über seinen ganzen Körper.

Völlig benommen wankte er zum Haustelefon und gab Jessicas Handynummer ein.

Mailbox.

Fassungslosigkeit.

Überforderung.

Er schlug sich mit der flachen Hand gegen die Stirn.

Irgendwann nach Stunden der Verzweiflung rief er seinen Vater an, der nach der Trennung von seiner Mutter vor einigen Jahren nach Köln gezogen war – in das Haus seiner neuen Freundin, das diese nach dem Tod ihrer Eltern geerbt hatte.

Nachdem Vince die verheerenden Umstände erklärt hatte, fuhr sein Vater noch in der Nacht los, um seinen Sohn abzuholen und in Sicherheit zu bringen.

Denn hier in dieser Stadt war Vince nicht mehr sicher.

Jetzt musste er noch seine Mutter anrufen, bevor sie von jemand anderem alles erfahren würde.

Erfahren würde, dass ihr Sohn ein Pornodarsteller war.

Wobei das nicht die schlimmste Bezeichnung war.

Vergewaltiger.

Kapitel 23

Um 23.30 Uhr, nachdem Vince unablässig Luis' Hals geküsst hatte und die beiden schließlich betrunken rumgemacht hatten, traten sie stillschweigend den Rückweg an.

Einige Minuten später verlangte Vince sehr überzeugend, dass sie noch zum Fitnessstudio gehen müssten, um ihren Trainingsrhythmus einzuhalten. Luis war von der Idee wenig begeistert, immerhin war Vince' Shirt voller Kotze, doch schließlich ließ er sich zu einem kleinen Wettrennen überreden.

Sie rannten eine Einbahnstraße entlang und stoppten an einem roten Kombi. Vince verlor und übergab sich in eine Hecke, der Sieger Luis beschwerte sich nach dem anstrengenden Lauf über starkes Seitenstechen. Nachdem Vince seinen gesamten Mageninhalt endgültig entleert hatte und Luis wieder durchatmen konnte, waren sie plötzlich hungrig. Sie kauften sich Döner, mussten die Mitternachtsmahlzeit allerdings draußen verzehren, weil der Laden zumachte. Also gingen sie während des Essens weiter, so dass ein Großteil des Brotinhalts auf der Straße und nicht in ihrem Magen landete. Vince trat aus Spaß gegen eine Laterne, die daraufhin ausging. Die Jungs lachten los.

Vince konnte sich nicht mehr genau daran erinnern, wie

es dazu kam, aber kurz darauf küssten sie sich vor einem Stromkasten und gingen schließlich Händchen haltend auf Luis' Haus zu. Sie lösten die Berührung erst, als sie in die Einfahrt bogen.

Widerliches NoFapping. Vince' prall gefüllter Hodensack pochte.

Luis schloss vorsichtig die Eingangstür auf, als sie hinter sich ein Miauen und schließlich ein Schnurren hörten. Die hässliche Nachbarskatze hatte sich auf die Auffahrt verirrt. Vince drehte sich um und war beeindruckt, wie grell ihre Augen in der Dunkelheit leuchteten. Dann begann sie, ihre Pfoten zu lecken, und Vince schmunzelte. Im leichten Schimmer des Mondes erschien das Tier wie ein kleiner, hilfloser Geist, der die beiden Jungs fauchend erwischt hatte. Luis strich über Vince' Hand und lenkte dessen Aufmerksamkeit wieder in die andere Richtung. Im Haus schienen alle zu schlafen, denn es brannte kein Licht im Erdgeschoss.

Die beiden Jungs ließen die Schuhe im Eingangsbereich stehen und eilten hintereinander die Treppe nach oben. Leise ließ Luis seine Zimmertür ins Schloss fallen und drehte sich um. Vince lehnte am Schreibtisch und schaute verlegen auf den Boden. Dann hob sich sein glasiger Blick, und er schaute direkt in die großen rehbraunen Augen von Luis, der ein paar Schritte auf Vince zugegangen war. Die Situation fühlte sich an wie ein surrealer Schwebezustand.

Vince hatte für einen Augenblick das Gefühl, sich erneut übergeben zu müssen. Er spürte, wie der saure Schleim nach oben gespült wurde. Er schluckte und konnte den Reiz unterdrücken.

Das ganze Haus war erfüllt von einer dominanten Stille. Eine kalte Brise Nachtluft wehte durch das angekippte Fenster herein.

WTF. Was passierte hier?

Vince lehnte noch immer wie versteinert an der Schreibtischkante, während Luis den nächsten Schritt auf ihn zumachte. Er hielt inne, eine Träne kullerte an seiner Wange hinab. Er zitterte.

Vince war noch immer nicht in der Lage, sich zu bewegen. Er atmete mehrfach tief durch.

Ein Kampf, die Kontrolle fallenzulassen.

Fallenlassen.

Sich fallenlassen.

Luis beugte sich an Vince vorbei, zog die unterste Schublade an seinem Schreibtisch auf und holte die Absolut-Vodka-Flasche heraus, die sie vor ein paar Nächten halb geleert hatten. Er öffnete den Schraubverschluss, nahm einen großen Schluck und schüttelte sich danach angewidert wie ein nasser Hund, der gerade im Meer gebadet hatte. Vince riss ihm die Flasche aggressiv aus der Hand und nahm ebenfalls einen großen Schluck. Sofort brannte seine Kehle wieder. Er konnte keinen klaren Gedanken mehr fassen.

Die beiden Jungs musterten sich, und Vince ließ die Flasche aus Versehen fallen. Ein dumpfer Aufprall. Erschrockene Blicke. Dann Lächeln. Sekunden pure Stille.

Mutig ließen sie den letzten Abstand hinter sich. Es folgte ein intensiver Zungenkuss, den Luis fortsetzte, indem er mit seiner Zunge über Vince' Hals strich. Vince genoss, was gerade passierte, schob Luis aber zeitgleich von sich weg. Noch immer pochten seine Hoden unerbittlich. Er keuchte, und ihm war schwindelig. Luis kam wieder auf ihn zu, seine Hände tasteten nach seinem Schritt und packten fest zu. Vince schloss die Augen, während Luis' linke Hand den Reisverschluss seiner Hose nach unten zog. Luis Hand glitt direkt in Vince' Boxershorts und umschloss den darin ruhenden Penis. Das schlaffe Glied begann zu wachsen, während Luis vorsichtig darüberstreichelte. Nun schob er Vince' T-Shirt hoch und küsste dessen Brustwarzen. Vince strich über Luis' kurze schwarzen Haare und atmete unkontrolliert. Er genoss es, nicht den Ton angeben zu müssen. Er genoss es, dominiert zu werden.

Sie ließen sich fallen, wobei Vince eher von Luis nach unten geschubst wurde. Der Teppichboden war ziemlich hart, doch die dünnen Fasern gaben recht angenehm nach, als Vince leicht über sie rutschte. Von draußen hörte er ein Auto hupen. Das ganze Zimmer drehte sich vor seinen Augen, als er sie wieder öffnete. Er hatte plötzlich einen durchgängigen Piepton im Ohr, der wohl auf seinen Alkoholpegel zurückzuführen war. Luis küsste vorsichtig seinen Bauch und strich parallel mit dem rechten Daumen weiter über die mittlerweile warm geriebenen Brustwarzen, bis er schließlich küssend im Schambereich ankam.

Ob er wohl gerade an die Streams dachte, auf die er sich sonst einen runterholte? Vielleicht hatte er dabei gar nicht auf Vince' Exfreundin, sondern nur auf Vince geachtet. Vielleicht war er auf ihn gekommen, schlussfolgerte Vince.

Erkenntnisse. Realisierung. Kurzes Zögern.

Dann nahm Luis das mittlerweile vollständig erigierte Glied von Vince in den Mund und schob die Vorhaut mit den Lippen nach unten. Seine Zunge kreiste über die empfindliche Haut darunter. Vince hielt sich beide Hände vor das Gesicht und atmete erzwungen leise ein und aus.

Minuten vergingen, in denen Luis seine Lippen um den Penis von Vince presste und mit der Zunge umkreiste, bis er zusätzlich auch noch anfing, mit den Händen heftig an Vince' Po herumzudrücken. Schließlich packte er Vince und drehte ihn auf den Rücken. Er begann, Vince' leicht haarige Pobacken zu streicheln und küsste sie schließlich vorsichtig. Vince stöhnte, als Luis seinen Po fester anpackte.

Schließlich öffnete Luis seine eigene Hose, ließ sie nach unten gleiten und begann, mit seinem Penis über Vince' Hintern zu streichen. Er tastete sich in die Ritze vor. Nachdem er ein Kondom aus der Hosentasche geholt, es ausgepackt und übergestreift hatte, drang er irgendwann ein.

Zunächst vorsichtig.

Vince verzog das Gesicht und biss die Zähne zusammen, woraufhin Luis seinen Penis sofort wieder herauszog. Wenige Sekunden später setzte er erneut an und schob sein Glied etwas weiter in den Po von Vince – bis er weit genug drin war, um den Penis in rhythmischen Stößen vor- und zurückbewegen zu können. Es dauerte nicht lange, bis Vince spürte, wie Luis den Schaft herauszog und ejakulierte. Während Luis' Samenergusses fing er intuitiv an, seine Vorhaut hoch- und runterzuschieben, bis er spürte, wie Luis ihn mit den Händen stoppte und übernahm. Er schmiegte sich dabei an Vince' Körper, bis schließlich eine riesengroße Menge Sperma aus dessen Penis schoss und sich auf Luis' Bauch verteilte.

Gefühlt einhundert Jahre Fap-Verzicht entluden sich in einer einzigartigen Explosion.

Stille.

Luis begann zu weinen und drehte sich weg.

Auch Vince war völlig verwirrt.

So fühlte es sich also an, aus einer echten Emotion heraus dominiert zu werden.

In diesem Moment fühlte er sich männlich und schlief zufrieden ein.

Kapitel 24

Vince hatte bei seinem Vater im Gästezimmer Unterschlupf gefunden und sein Handy seit zwei Tagen nicht mehr richtig eingeschaltet. Er wollte gar nicht erst sehen, was gerade online abging. Aller Wahrscheinlichkeit nach warteten Tausende Nachrichten seiner Freunde, heftige Beleidigungen, wie dumm und pervers er war, und noch vieles mehr, was er sich gar nicht vorstellen konnte oder wollte, auf seinem Smartphone auf ihn. Es wäre besser, wenn dieser Shitstorm einfach an ihm vorbeiziehen würde. Andererseits war er natürlich neugierig. Er hatte schon zweimal versucht, Jessica vom Festnetztelefon seines Vaters aus anzurufen und sie kurz über WhatsApp gebeten, seine Anrufe doch bitte anzunehmen. Aber entweder durfte sie nicht mit ihm sprechen, oder sie wollte keinen Kontakt haben – auf jeden Fall war sie unerreichbar, und das belastete ihn extrem. Wie würde es mit ihnen weitergehen?

Es war also passiert. Die ganze Welt wusste, was er mit Jessica getrieben hatte.

Wie sie es getrieben hatten.

Das Gute war, dass sein Vater ihn momentan weitestgehend in Ruhe ließ. Auch die Freundin seines Vaters war sehr bemüht und hatte ihm gestern und vorgestern das

Frühstück ans Bett gebracht. Sie waren verständnisvoll und drängten ihn nicht dazu, sofort alles ausführlich mit ihnen zu besprechen. Sie gaben ihm Zeit, während sich draußen die Nachrichten überschlugen. Die Medien berichteten ununterbrochen in reißerischer, wenig diskreter Form über die spannende Ausnahmegeschichte der jungen Influencerin, über das minderjährige Pornopärchen, die Folgen einer digital unkontrollierten Welt und der damit einhergehenden Gefahren. Angst wurde geschürt, Eltern dazu angeregt, ihre Kinder im Netz besser zu überprüfen. Ob seine Eltern sich gerade wie Versager fühlten?

Gestern hatte er eine Stunde lang mit seiner Mutter telefoniert, die heute noch nach Köln kommen wollte, um mit ihrem Sohn zu reden. Es hatte sie sehr getroffen, dass er in dieser schweren Zeit zu seinem Vater gefahren und nicht bei ihr geblieben war. Als er ihr dann aber am Telefon erklärt hatte, dass er sich vor allem aus Angst vor den Reaktionen seiner Mitschüler und Jessicas Bruder in Köln aufhielt, hatte sie sich wieder beruhigt.

Heute Morgen war Vince dann zum ersten Mal der Gedanke durch den Kopf gegangen, für das nächste Schulhalbjahr ins Ausland zu gehen. Er konnte sich nicht vorstellen, in nächster Zeit an seinen Heimatort zurückkehren. Wie hätte er da an seine alte Schule zurückkehren sollen? Vor allem, nachdem er mitbekommen hatte, wie sogar in einem Online-Artikel ausführlich darüber diskutiert wurde, ob er

Jessica vergewaltigt und zu allen sexuellen Handlungen vor der Kamera genötigt hatte. Laut des Verfassers war er ein von Pornos zerfressener junger Mann, der einer widerlichen, gierigen Pornogeneration entstammte.

Hatte er Jessica wirklich zu allem gedrängt? War er schuld? War er krank im Kopf?

Es klopfte an der Tür, und die Freundin seines Vaters bat ihn aufzumachen, weil Jessica am Telefon sei.

Vince hatte das Gefühl, als würde sein Herz stehenbleiben. Er sprang sofort auf, öffnete die Tür und nahm das Festnetztelefon entgegen. Hastig schloss er die Tür hinter sich und eilte zurück zum Bett. Er setzte sich kurz, stand aber sofort hektisch wieder auf und irrte im Zimmer umher, während er sich am Hinterkopf kratzte und überlegte, was er sagen sollte.

»Hey«, war das erste Wort, das irgendwann aus seinem Mund kam.

»Ich war gestern wieder in der Schule«, eröffnete Jessica das Gespräch von ihrer Seite.

»Ooooh, okay …«

Stille.

»War auf jeden Fall ein Fehler, es war wirklich die Hölle.«

»Ja, kann ich mir vorstellen. Das ist auch zu früh. Ich meine, warum bist du gestern schon wieder hingegangen?«

»Du bist lustig. Sagt sich natürlich auch leicht, wenn man einfach nach Köln abhaut.«

»Ja, aus Angst vor deinem Bruder.«

»Du brauchst keine Angst zu haben, er hat eine Gehirnerschütterung und ist von der Schule geflogen. Er schämt sich dafür, dass er es allen gezeigt hat. Er war an dem Abend total high«, erklärte Jessica.

»Fuck«, stellte Vince nüchtern fest. Was zur Hölle konnte er jetzt Gutes sagen? Ihm fiel nichts ein.

»Und ich bin zur Schule gegangen, weil ich es zu Hause nicht aushalte. Ich wollte meinen Vater stolz machen, denn er besäuft sich hier jeden Abend mit Whiskey und spricht kaum mit mir. Ich glaube, er hat sich die Videos auch angeschaut. Ich wollte ihm irgendwie zeigen, dass es trotzdem weitergeht, dass ich zielstrebig bin, mich nicht unterkriegen lasse.«

Wie viele Eltern von Pornodarstellern und Darstellerinnen schauten sich wohl die Videos der eigenen Kinder an?, fragte sich Vince in diesem Moment. Und was würde das mit den Eltern machen?

Während er nachdachte, war es wieder still. Vince nahm durch den Hörer allerdings wahr, dass Jessica unruhig atmete und mit den Tränen kämpfte.

»Es tut mir leid«, sagte Vince dann irgendwann, um die Stille zu beenden.

Es folgte Stille.

»Willst du mich verarschen?«, fragte Jessica schließlich.

»Was?«, fragte er überrascht.

»Du entschuldigst dich bei mir?! Du entschuldigst dich doch nicht wirklich gerade bei mir, oder?« Sie klang völlig entgeistert.

»Doch, Schatz, natürlich tue ich das.«

»Nice, na dann an dieser Stelle auf jeden Fall ein Shoutout an meinen Vergewaltiger«, entgegnete sie provokant ironisch und aufgebracht.

»Jessica, wirklich, mir tut das alles mega leid. Ich war dumm. Ich war mir die ganze Zeit einfach sicher, dass das alles nie rauskommt«, setzte Vince erneut an.

»Ist es aber. Alle wissen es. Alle haben sich die Videos angeschaut. Und deine Art fuckt mich gerade echt ab!«

»Weil ich mich bei dir entschuldige?«, fragte Vince erneut verständnislos.

»Ja, Vince, weil du dich entschuldigst! Ist das wirklich dein Ernst? Weißt du, was das aus mir macht?« Jetzt begann Jessica zu weinen.

»Keine Ahnung, ich weiß nicht, was du ... ich ... ich liebe dich, Schatz! Das war mein Fehler. Mein krankes Pornohirn. Ich dachte, das wäre alles einigermaßen normal, dass nichts groß dabei wäre. Ich fand das geil, ich hab unser Sexleben geliebt. Aber ich hab alles kaputtgemacht.«

Stille.

Erst nach einer gefühlten Ewigkeit begann Jessica wieder zu sprechen. »Mein Vater hat mir den Kontakt zu dir verboten. Und ehrlich gesagt, hat unsere Beziehung eh keine

Zukunft mehr, glaube ich. Du bist wahrscheinlich wirklich schuld, Vince. Aber nicht so, wie du denkst. Vielleicht war das, was wir hatten, ja auch nie Liebe.«

»Aber ich liebe dich, Jessica«, antwortete Vince sofort.

»Ich denke, es ist besser, wenn wir erst mal keinen Kontakt mehr haben. Um wieder klarzukommen. Mir tut's nämlich auch leid.«

Vince war fassungslos. Nur langsam realisierte er ihre Worte. »Also kein Kontakt mehr. Ja, okay. Vielleicht ist das wirklich das Beste.« Auch in seinen Augen sammelten sich jetzt Tränen.

»Mach's gut. Und melde dich bitte wirklich nicht mehr bei mir. Ich brauche jetzt Abstand von dir«, sagte Jessica in gewollt nüchternem Ton. »Und ich nehme deine Entschuldigung nicht an«, ergänzte sie.

Dann piepte es.

Sie hatte aufgelegt.

Vince warf das Festnetztelefon gegen die Wand und hämmerte mit dem Kopf auf sein Kissen ein.

Die Tür ging auf, und sein Vater kam hereingestürmt. Er eilte auf seinen Sohn zu, um ihn zu beruhigen.

Vince ließ sich schließlich in seine Arme fallen und weinte.

Kapitel 25

Seit zwei Wochen lag er nun mittlerweile im Koma, und sein Zustand verbesserte sich nicht. Im Gegenteil. Er war kurz davor, sich drastisch zu verschlechtern. Allerdings war Vince gerade noch in der Lage, sein Umfeld wahrzunehmen, auch wenn er sich nicht im Geringsten regen konnte. Und so spürte er in diesem Moment auch, wie Jessica den Raum betrat.

Es war das erste Mal, dass sie ihn im Krankenhaus besuchte. Sie trug wahrscheinlich Sneaker oder ein anderes gemütliches Paar Schuhe, denn ihre Schritte klangen sehr leise. Vince konnte nicht genau hören, was am Zimmereingang besprochen wurde, aber vermutlich erklärte eine Krankenschwester seiner Exfreundin noch kurz, wie lange sie sich bei dem hoffnungslosen Komapatienten aufhalten durfte.

Dann waren sie allein. Jessica und er.

Wie gern wäre er jetzt aufgesprungen.

Wie gern hätte er sie jetzt umarmt.

Wie gern hätte er sie jetzt geküsst.

Stattdessen war alles wie in Nebel gehüllt. Er war machtlos gegen die betäubenden Schmerzen seines zerstörten Körpers. Jessica setzte sich auf den Stuhl neben seinem Bett und legte eine Hand auf seinen Arm. Vince spürte die Berührung, ihm wurde sofort ganz warm. Er wollte ihr ein Zeichen geben, einen kleinen Finger bewegen oder wenigstens dafür sorgen, dass sein Puls höherschlug. Doch von außen merkte man ihm rein gar nichts an. Also lag er nur hilflos da, während Jessica haltlos zu weinen begann, als sie ihren verletzten Exfreund vor sich sah, der von ihrem eigenen Bruder verprügelt worden war.

Vince fragte sich, ob Tony wohl noch auf freiem Fuß war. Hatte er sich als starker, großer Bruder bewiesen? War das die Lösung? Dass Jessica jetzt neben ihm saß und sie nicht miteinander reden konnten?

Denn Jessica hatte ihm etwas sehr Wichtiges zu erzählen, das spürte er, und er würde nicht darauf antworten können.

Wollte er genau das erreichen? Dass sie ihm diese furchtbar abartige Geschichte offenbarte, die noch viel schlimmer als irgendeine Po-Grabscher-Belästigung auf einem Event war, und er ihr nichts mehr dazu sagen konnte?

Selbst diese Grabscher-Story hatte Vince schon unfassbar provoziert, ihn fassungslos zurückgelassen, immerhin hatte sie aber noch dafür gesorgt, dass Jessica und er wieder Kontakt zueinander hatten, wenn man darin irgendetwas Gutes sehen wollte –, auch wenn es am Ende nur ein Funken Nähe gewesen war, der sofort wieder erloschen war.

Wie Männer Frauen behandelten. Wie er Jessica behandelte.

Zunächst blieb Jessica eine halbe Stunde lang still neben ihm sitzen. Sie zitterte und weinte unaufhaltsam, konnte sich nicht dazu überwinden, ihm zu erzählen, was ihr widerfahren war, obwohl er im Koma lag.

Dann packte sie schließlich aus. Weil sie sich neben ihm wieder sicher fühlte? Weil sie sich an ihr gegenseitiges Vertrauen zurückerinnerte? Auf jeden Fall erzählte sie ihm alles bis ins kleinste Detail.

Am gestrigen Abend war sie auf einer Hausparty gewesen und hatte zum ersten Mal seit langem wieder mit einem Typen geflirtet. In letzter Zeit hatte sie es generell gehasst, auf Partys zu gehen – wobei es eigentlich auch schon gereicht hatte, durch die Stadt zu laufen –, weil alle Typen sie anstarrten wie gierige, dauergeile Monster. Für junge Männer war sie zu einem Sexsymbol geworden, und sie gab sich selbst die Schuld daran. Wer freizügige Bilder von sich postete, musste mit so etwas rechnen. Das war die gängige Argumentation.

Bullshit.

Ja, diese Schlussfolgerung hielt auch sie für Bullshit.

Aber wer Sex-Tapes von sich veröffentlichte? Ein Mädchen, das dazu bereit war, gab anderen wohl wirklich das Recht, sie auf Sex zu reduzieren. Auch Bullshit, schlussfolgerte sie irgendwann in ihrem Monolog, während Vince nichts anderes übrig blieb, als ihr zuzuhören.

ICH MUSS SIE UMARMEN!, schrie er innerlich.

Keine Regung. Nichts. Monotoner Atem und blasse Haut. Geschlossene Augen. Er war eine lebende Leiche.

Sie hatte gestern vor der Feier ein paar Kopfschmerztabletten genommen, hatte generell seit Monaten mit Migräne zu kämpfen. Und als sie am Abend auf der Hausparty von diesem Typen überredet wurde, ein bisschen Weißwein zu trinken, hatte sie sich sehr schnell sehr schlecht gefühlt und war ins Bad geflüchtet. Kopfschmerztabletten und Alkohol vertrugen sich nicht.

Sie hatte sich über dem Waschbecken zunächst das Gesicht gewaschen, sich dann auf die kalten Fliesen gesetzt und schließlich sogar hingelegt, weil sie fürchtete, ohnmächtig zu werden. Schwindel. Hektischer Atem.

Ihr Fehler war, dass sie das Bad nicht abgeschlossen hatte.

Ihre beste Freundin, mit der sie auf der Party war, ließ sich leider gerade im Nebenzimmer von einem wildfremden Kerl durchficken, den sie erst an diesem Abend kennengelernt hatte. Jessica entschuldigte sich während des Monologs bei Vince für ihre Formulierung. Warum erzählte sie aus ihrer weiblichen Perspektive so über das Verhalten ihrer Freundin?, fragte sie sich vor Vince. Natürlich war es ihrer Freundin erlaubt, sich durchficken zu lassen. Vielleicht fickte sie ja auch den Typen durch. War das alles auf ihre Wut zurückzuführen? Weil sie sich sehnlichst gewünscht hätte, dass ihre Freundin zu ihr gekommen wäre? Dann wäre das alles nicht passiert.

Sie war völlig fertig.

Es war also nicht ihre beste Freundin, die zu ihr ins Bad kam, um nach ihr zu sehen. Nein. Es war der Typ, mit dem sie den Wein getrunken hatte. Als er den Raum betrat, machte er nicht denselben Fehler wie Jessica. Natürlich nicht. Er schloss die Tür hinter sich ab, so dass sie ganz allein waren.

Als Erstes setzte er sich verständnisvoll neben Jessica, reichte ihr ein Taschentuch und fragte sie, ob alles in Ordnung sei. Dann überredete er sie, sich aufzurichten, erklärte ihr, das sei am besten, um wieder klarzukommen.

Vince hatte eine Vermutung, worauf diese Geschichte hinauslaufen würde. Er wollte das nicht hören, konnte es nicht ertragen. Er wollte aufspringen, diesen Typen finden und ihn verprügeln. So wie Tony ihn verprügelt hatte. Gleiches mit Gleichem. Wie stumpfsinnig. Wie sinnlos. Das alles war so schrecklich sinnlos.

Nachdem Jessica sich irgendwann einigermaßen kontrolliert an die Badewannenwand gelehnt hatte, beugte der Typ sich zu ihr und küsste sie. Sie hatte ihn daraufhin sofort von sich weggestoßen, aber der Typ hatte nur gelacht und mit einem unmöglichen Satz reagiert. »Du willst es doch auch, du kleine Schlampe!« Er hatte sich über sie gebeugt und sie wieder nach unten auf den Boden gedrückt. Auf die kalten Fliesen. Jessica war in diesen Sekunden zu schwach gewesen, um sich zu wehren. Sie ließ es wehrlos geschehen, war in Schockstarre.

Als Nächstes zerriss der ekelhafte, muskulöse Kerl ihr Kleid. Jessica spuckte ihm ins Gesicht, aber das machte ihn nur noch geiler. »Du kleine Schlampe!«, wiederholte er und schlug ihr ins Gesicht. Dann begann er, sie mit einer Hand zu würgen, während er mit der anderen seine Hose öffnete.

Jessica hielt inne, zitterte, amtete dann tief durch.

Zum Glück klopften kurz darauf zwei weitere männliche Partygäste an die Tür und fragten, ob da drinnen alles in Ordnung sei.

Die endgültige Vergewaltigung wurde nur verhindert, weil das Schwein irgendwann die Tür aufmachen und sich erklären musste. Jessica hatte ihre Chance genutzt und war in ihrem zerrissenen Kleid an den drei Männern vorbei nach draußen gerannt.

Jessica rutschte näher an Vince heran und legte den Kopf auf seine Brust.

Er wollte in diesem Moment nichts mehr, als sie zu umarmen.

Er wollte ihr Beschützer sein.

Er wollte ihr Mann sein.

Aber er war ein Niemand.

Eine Hülle, die nichts konnte.

Unmännlich. Nicht fähig zu lieben.

Ein erstarrter, hilfloser Junge, der selbst beschützt werden musste.

Jessica flehte ihn an, etwas zu sagen. Sie bat ihn inständig darum, endlich aufzuwachen und für sie da zu sein.

»Wieso hast du dich bei mir entschuldigt, Vince?«, fragte sie schließlich unter Tränen und schaute zu ihm auf – zu seinen geschlossenen Augen.

Er verstand die Frage noch immer nicht.

»Wieso hast du dummer Vollidiot nicht verstanden, warum ich deine Entschuldigung nicht annehmen wollte?«

Jessica beschloss in diesem Moment, es ihrem im Koma liegenden Exfreund endlich zu erklären.

»Weil es nicht deine Schuld war! Ich meine, wenn du dich bei mir entschuldigen musst, würde das bedeuten, dass du mich gezwungen hast, Vince. Dass ich dein Opfer war. Die Schlampe, die sich naiv von dir hat ficken lassen. Es würde bedeuten, dass du wirklich mein Vergewaltiger warst. Der Mann, der einfach seinen Trieben folgt und ein Mädchen ausnutzt. Aber wir haben uns nicht ausgenutzt, Schatz! Wir haben das aus Liebe gemacht! Und weißt du was? Ich hasse dich dafür, dass du dir die Schuld gibst. Weil dich das zu einem richtigen Arschloch macht!«

JETZT WACH ENDLICH AUF UND KÜSS SIE, befahl Vince sich und seinem unkontrollierbaren Körper.

Nichts passierte.

»Ja verdammt, ich bin dein Mädchen! Und du bist mein Junge! Niemand ist an irgendwas schuld!«

Sie sprang schluchzend auf und eilte entschlossen, aber auf wackeligen Beinen aus dem Raum.

Sie ertrug es nicht, dass er nicht reagierte, und er konnte es nicht ertragen, nichts tun zu können.

JETZT WACH ENDLICH AUF UND RENN IHR HINTERHER!

Stattdessen blieb er allein im Zimmer zurück.

Jetzt wusste Vince also, was Jessica gemeint hatte.

Seine Entschuldigung war auf sein ekelhaftes, männliches Selbstverständnis zurückzuführen, das er an anderen immer kritisierte.

Du bist ein Arschloch, hast ihr die Schuld genommen, wolltest ihr die Schuld nehmen.

So einfach war das aber nicht.

Sie war es, die es sich viel zu einfach machte. Schließlich war das, was sie gemacht hatten, ganz und gar nicht normal.

Und das alles war auf seinem Mist gewachsen.

Hier waren sie nun, die Konsequenzen.

Sie war fast vergewaltigt und er fast zu Tode geprügelt worden. Weil sie die Kontrolle verloren hatten, alle Menschen provoziert und viele enttäuscht hatten.

WEIL ER DIE KONTROLLE VERLOREN HATTE.

Er war das Sexmonster, dessen Gehirn von Pornos überflutet war.

SEX.

DU KANNST IHR NICHT HINTERHERRENNEN.

Das war keine Liebe.

Vielleicht gibt es Liebe gar nicht.

Vielleicht war Liebe eine Erfindung, um Trieben Stil zu verleihen.

Sie hatten den Kontakt abgebrochen, nicht füreinander gekämpft.

WEIL LIEBE SCHWACH IST.

Das hier war das Ergebnis.

Andere hatten sie nicht zugrunde gerichtet.

Nein, sie hatten sich gegenseitig fertiggemacht.

Er hatte sie fertiggemacht.

Was war also gerade passiert?

Seine Exfreundin hatte an seinem Bett gesessen und ihre Gefühle überbewertet, redete Vince sich ein.

Wir haben das aus Liebe gemacht.

Quatsch.

Sex aus Liebe.

Nein, das gibt es nicht.

Sex aus Sucht und Gier. Als Machtdemonstration.

Durch Sex fühlen Männer sich männlicher und Frauen benutzter.

Du hast Jessica benutzt.

Und sie hat sich als Fuckgirl benutzen lassen.

Das war die Wahrheit.

UND DESWEGEN KANNST DU IHR NICHT HINTERHERRENNEN!

In einem Punkt hatte sie allerdings recht. Er würde sich nicht bei ihr entschuldigen können.

In diesem Moment betrat der nächste Besucher das Zimmer von Vince. Es war seine Mutter, die ihn jeden Tag besuchte und oft auch die Nächte am Bett ihres Sohnes verbrachte. Sie sollte die Erste sein, die bemerkte, dass Vince' Körper in dieser Sekunde aufhörte zu kämpfen und gerade damit begann, den Sterbeprozess einzuleiten.

Kurz darauf meldeten sich auch die Maschinen mit einem lauten Piepton, und wieder einige Momente später kam das Krankenhauspersonal in den Raum gestürmt.

Jetzt ging es um Leben und Tod.

Es gibt keine Liebe, Versager.

Du hast sie nie geliebt, und sie hat dich nie geliebt.

Du warst ein triebgesteuertes Monster.

Vince' Gedanken überschlugen sich.

Du wirst nie ein richtiger Mann sein.

Kapitel 26

Sex. Sex. Sex.

Das war alles, worum es ging.

Vince hatte die heftigsten Kopfschmerzen seines Lebens, als er am nächsten Morgen nackt neben Luis auf dem Teppichboden aufwachte. Zum Glück war noch niemand aus der Familie in das Zimmer gekommen, um die beiden Jungs zu wecken.

Vince zog sich als Erstes seine Boxershorts an, nahm dann seine Klamotten und tapste benommen ins Bad. Eigentlich duschte er niemals eiskalt, aber heute drehte er die Temperatur ein ganzes Stück runter und rieb sich fassungslos das Gesicht, während die kalten Wassertropfen auf ihn herabprasselten.

Wieder einmal überschlugen sich seine Gedanken. Eiskalt.

War er schwul? Bisexuell? Oder war das gestern vor allem passiert, weil er zu lange auf Sex verzichtet hatte?

Er hatte vor einigen Monaten von der Kingsley-Skala gelesen, die die sexuelle Orientierung eines Menschen bewertete und davon ausging, dass jeder Mensch auf einer Skala von null bis sechs zwischen heterosexuell und homosexuell zu verorten war. Schon damals hatte er überlegt, dass wahrscheinlich nur wenige Menschen fest einer Null oder einer Sechs zugeordnet werden können. Irgendwie schwammen die meisten dazwischen.

Dann erinnerte er sich, dass Luis vor dem Einschlafen geweint hatte. Er hatte sofort Mitleid. Vince schämte sich nicht für das, was gestern passiert war. Aber ihm wurde in diesem Moment klar, dass die Gesellschaft keineswegs so aufgeschlossen war, wie man teilweise annahm. Falls Luis in dieser Nacht realisiert haben sollte, dass er homosexuell ist, war sein Weinen nachvollziehbar. Er würde von jetzt an kämpfen müssen. Diese Blicke. Das Gefühl, anders zu sein. Outing vor den Eltern, vor Freunden, in der Schule. Das alles war noch immer nicht so leicht. Eine bittere Erkenntnis.

Vince beruhigte sich. Es war nur Sex, und Sex ist Sex.

Niemand sollte Angst haben müssen, schwul zu sein. Am besten sollte man Sexualität gar nicht erst einordnen oder bewerten, Homosexualität nicht als »anders« bezeichnen.

Aber auch wenn Vince sich nicht dafür schämte, dass sie miteinander geschlafen hatten, war er dennoch verwirrt.

Aus diesem Grund öffnete er nach dem Duschen eine Pornoseite auf seinem Smartphone und klickte zum ersten Mal auf die Kategorie »Schwule«.

Noch immer pochte sein Kopf sehr stark, und er freute sich schon darauf, gleich beim Frühstück eine Schmerztablette nehmen zu können und viel Wasser zu trinken, während er durch die Uploads scrollte. Er klickte schließlich auf einen »Twink«-Porno, bei dem zwei Jungs in einer Fußballumkleidekabine miteinander rummachten und sich auszogen. Er skippte durch das Video. In seiner Boxershorts regte sich nichts. Das konnte aber natürlich auch daran liegen, dass er gerade zu fertig war.

Er versuchte es noch mit einem weiteren Video, in dem zwei recht muskulöse blondhaarige Jungs gemeinsam duschten und sich einschäumten, bis er den Browser wieder schloss und sich anzog. Nicht jetzt. Nicht hier.

Er war sich einigermaßen sicher, dass er nichts von Luis wollte. Das war gestern einfach passiert. Warum sich jetzt den Kopf darüber zerbrechen? Er fühlte sich nicht zu ihm hingezogen, aber ihm hatte gefallen, dass Luis der dominante Part gewesen war, nachdem Vince den ersten Schritt gemacht hatte, ihn am Hals zu küssen. Danach das Händchenhalten. Das Schubsen auf den Teppich. Der Blowjob. Die Zunge, die seinen Po berührt hatte.

Das Gefühl, dominiert zu werden.

In diesem Moment wurde Vince etwas klar: Dominanz war weder männlich noch weiblich.

An diesem Tag sprachen Vince und Luis kaum miteinander. Sie hatten heute keine Schule, also gammelten sie vor allem in Luis' Zimmer vor sich hin. Am Nachmittag holten sie sich dann Sandwiches von Subway und verzehrten diese an einem sonnigen Platz im Park. Sie trafen dort zufällig Carmen, mit der Vince am Strandpartyabend geflirtet hatte, und irgendwie ergab es sich, dass sie mit zu Carmen nach Hause gingen und dort auf der Couch mit einer Shisha chillten. Die Eltern von Carmen waren übers Wochenende verreist.

Ganz nebenbei erklärte Carmen plötzlich, dass sie nicht oft Shisha rauche, gerade aber einfach wahnsinnig Lust auf Rauchen und Schwänze hätte.

Wie bitte?

Vince und Luis schauten sie überrascht an und waren sich nicht sicher, ob sie gerade richtig gehört hatten. Das einzige Geräusch im Raum kam aus den Boxen, die mittellaut spanische Popmusik abspielten.

Vince warf Luis aus großen Augen einen fragenden Blick zu. Sie waren beide erstarrt. Hatte er das gerade wirklich richtig verstanden? Oder hatten ihm seine sexuellen Fantasien einen Streich gespielt?

»Wollt ihr mich jetzt ficken oder nicht?«, fragte Carmen auf Spanisch.

Die Gedanken von Vince überschlugen sich. Er wusste ja, dass Carmen schon am Strand etwas von ihm gewollt hatte –, aber das kam echt überraschend. In dieser Sekunde saß sie zwischen ihm und Luis auf der Couch und war tatsächlich bereit, mit ihnen beiden zu schlafen.

Vince war völlig überfordert. Würde das jetzt irgendeine bisexuelle Nummer werden, bei der Luis parallel mit seinem Penis in Vince' Gesicht herumwedelte, während er Carmen fickte?

Luis zog augenblicklich sein T-Shirt aus, drehte sich zu Carmen und küsste sie. Danach schnappte er sich den Shishaschlauch aus ihrer Hand und nahm einen tiefen Zug.

Vince saß immer noch wie versteinert auf seinem Drittel der Couch.

Einige Minuten später baumelte die silberne Kette, die sich Vince vor ein paar Tagen als Erinnerungsstück an seine Zeit in Spanien gekauft hatte, an seinem Hals herunter und berührte Carmens nackten Oberschenkel.

Er hockte vor der Couch und leckte sie.

Dieser Geruch. Dieses Gefühl. Am liebsten wäre er vollständig mit seinem Kopf in ihre Vagina eingetaucht.

Parallel lutschte Carmen den Penis von Luis, der sich auf die Couchpolster gekniet hatte und daher wie ein Riese wirkte. Pure Erregung.

Noch ein paar Minuten später genoss Vince Stoß für Stoß sein Leben. Während er in Carmen eindrang, saß Luis auf der Couchlehne und holte sich einen runter.

»Ich will euch beide spüren!«, keuchte Carmen schließlich auf Spanisch.

Sie ordneten sich auf dem Sofa neu an. Luis hatte sich genau wie Vince ein Kondom übergezogen und steckte sein Glied in Carmens Po, die sich weit zu ihm nach hinten lehnte. Vince stand währenddessen vor der Couch, wartete ab und tastete sich schließlich langsam vor, stets bemüht, die Beine von Luis nicht mehr zu berühren als nötig. Dann drang er in ihre Vagina ein.

Sex ist alles.

Ist mehr.

Vince war vollständig für den Rhythmus verantwortlich, während Luis sich auf der Couch liegend seinem Schicksal ergab. Sein Glied in Carmens Hintern wurde lediglich durch Vince' Stöße mitbewegt.

Carmen schwebte in diesem Moment vermutlich im siebten Himmel. Was für eine Reizüberflutung. Was für ein Gefühl.

Ihr Gesicht verzerrte sich, während aus ihrem Mund unkontrollierte Laute schallten.

Spielte es eine Rolle, was sie in diesem Moment für Carmen empfanden? Ob sie sie liebten oder nicht?

Spielte es eine Rolle, was Carmen in diesem Moment für Vince und Luis fühlte?

Oder waren sie nur Körper, die sich miteinander vereinten?

Sie alle wollten es.

Sie alle genossen es.

Sie alle liebten es.

Gab es einen schöneren Zustand? Das war pure Zufriedenheit. Ein Moment des reinen Glücks. Flüchtig. Körperlich.

Ekstase.

Und dann?

Die Atmung der drei senkte sich wieder, während sie sich voneinander lösten. Schweißperlen trockneten an der rosafarbenen Haut ihrer geschafften Körper.

Was dann?

Carmen griff wieder nach der Shisha, zog daran und legte sich mit geschlossenen Augen auf die Couch.

Luis wirkte überglücklich. Das musste Vollkommenheit sein. Mehr ging nicht.

WAS?

DANN?

Vince spürte Leere.

Sex ist alles.

Ist mehr.

Ist nichts.

Luis ging kurz aufs Klo, Carmen nahm erneut einen großen Zug und schaute Vince mit ihren großen Augen an. Sie lächelte und hielt den dampfenden Schlauch in seine Richtung.

Er schüttelte den Kopf.

Das hier war flüchtig. Es bedeutete rein gar nichts.

Und die Leere übermannte ihn.

Kapitel 27

Piep. Piep. Piep. Die Maschinen piepten immer lauter.

Deine fast vergewaltigte Exfreundin ist weinend vor dir weggelaufen, und jetzt liegst du hier, während deine arme Mutter, die du so enttäuscht hast, panisch von den Ärzten zurückgehalten wird, weil du gerade dabei bist zu sterben.

Es gibt keine Liebe, Versager.

Du hast sie nie geliebt, und sie hat dich nie geliebt.

Du warst ein triebgesteuertes Monster.

Die Gedanken von Vince überschlugen sich.

Du wirst nie ein richtiger Mann sein.

Du bist vor Jessica weggelaufen.

Du fliehst vor ihr, um ihr nicht in die großen, zerstörten, braunen Augen schauen zu müssen.

Du hast sie mit purer Trauer erfüllt.

Das ist dein Werk.

Oh, und ihre Augen haben dich trotzdem wiedergefunden. Sie waren gerade noch da und haben in deine verprügelte Fresse gestarrt.

Sie saß an deiner Seite und hat deinetwegen geheult.

Und jetzt ist sie weg. Dieses Mal ist sie weggelaufen.

Das ist das Ergebnis eurer Beziehung.

Dass du nicht für sie da sein kannst. Nie für sie da sein konntest.

Du bist ein Angsthase, Vince. Du hast sie im Stich gelassen, weil du ein ichbezogenes, widerliches Arschloch bist. Du bist ein Dauerwichser. Ein Niemand. Hast sie vor die Kamera gezerrt. Hast deinen Penis in sie reingesteckt wie in eine Nutte.

NEIN, verdammte Scheiße! Das war kein PORNO. Das war LIEBE.

LIEBE?!

Lächerlich.

Wieso hast du sie bloßgestellt?

Du hast ihr die Würde genommen.

Keine Selbstbestimmung?

Sie hat sich entschieden. Für Liebe. Für Küsse. Für Sex. Tausendfach.

ES TUT MIR LEID, JESSICA …

Bah!

Du hast die Schuld auf dich genommen, weil du ein dreckiger Egoist bist. Männer sind egoistische Schweine, die denken, dass sie Frauen dazu bringen, mit ihnen zu schlafen. Auch du hast das gedacht. Aber dann hättest du sie vergewaltigt. Dann hättest du sie tausendfach vergewaltigt.

Das hat sie dir selbst gesagt!

UND DAS SOLL ZU EINFACH SEIN?

ZU EINFACH?

Oh, so ist es nämlich nicht.

Es ist ganz und gar nicht einfach.

Dein Mädchen wollte es. Sie hat sich für dich inszeniert. Sie hat sich für sich inszeniert.

Du bist nicht männlich, Vince. Du bist kein Mann.

Oh, du hast dich geschämt.

Weil sie nicht gekommen ist?

Weil sie dich trotzdem liebte?

Mach dich nicht lächerlich.

Du konntest dein Mädchen nicht glücklich machen.

Du solltest dich für sie inszenieren.

Na los, inszeniere dich!

Männer ficken Frauen, und Frauen lassen sich ficken?

Nein.

Fick dich, Vince. Genau! FAP! FAP! FAP!

Wieso hat sie dich überhaupt gefickt?

Sie ist nicht das Objekt deiner Begierde.

Na, findest du sie begehrenswert?

Er dachte daran, wie sie noch vor wenigen Minuten neben ihm gesessen hatte, sah sie jetzt vor sich. Vor seinen geschlossenen Augen. Stellte sich vor, wie sie an seinem Bett saß. In einem rosafarbenen Kleid, das seine Erinnerungen zusammenbauten.

Sie sah so atemberaubend schön aus.

Wie eine Königin.

Eine Königin, deren Schminke zerlaufen war.

Eine Königen ohne Filter.

Eine Königin ohne Bearbeitung.

Echt und kaputt. Aber real. Authentisch.

Und du hast einen Jungen in dir kommen lassen. Schwuchtel. Weil du kein Mann bist? Weil du deine Freundin nicht zum Höhepunkt bringen kannst?

Weil du ein Niemand bist!

Du hast dich ficken lassen, weil es deine Entscheidung war.

Bist du jetzt weniger männlich?

Bist du jetzt eine Frau?

Wer bist du?

Du kannst eine Frau nur dann zum Orgasmus bringen, wenn du einen Dreier mit einem anderen Typen hast. Du wirst es einer Frau nie richtig besorgen, weil du ein Niemand bist.

Du kannst deine Aufgaben als Mann nicht erfüllen.

Aber sie waren glücklich. Jessica hat ihn glücklich gemacht. Ihre warmen Oberschenkel, auf denen er eingeschlafen ist. Ihr einzigartiger Geruch. Ihr Lächeln. Ihre Liebe. Wie sie seine kurzen Härchen am Hinterkopf massiert hat, während er einschlief. Bei ihr fühlte er sich sicher. Geborgenheit. Sie hat ihm zugehört. Und er hat es jede Sekunde genossen, wenn er ihre Stimme hören durfte. Stundenlange Gespräche bis in die tiefe Nacht hinein.

Wer bist du, Wichser? FAP! FAP! FAP!
Du schaust dir kranke Pornos an.
Du bist gescheitert, Vince.
Weil NoFap nicht die Lösung ist.
Pochende, blaue Eier.
Konzentration, dann Konzentrationsverlust.
Motivation, dann Motivationsverlust.
Und irgendwann Leere.
Weil du nicht die Lösung bist.

Die Schmerzen waren unbeschreiblich stark. Er wollte zurück in seine Sexwelten. Träumen. Von ihr träumen. Davon träumen, dass Jessica und er sich liebten.

Liebe ist Sex.
Ist mehr als das.
Ist nichts.

Du hast aus Sex eine Attraktion gemacht.

PIEP! PIEP! PIEP!

Seine Mutter brach weinend zusammen, während die Ärzte hilflos versuchten, Vince wiederzubeleben. Aber sein Puls war weg. Sie versuchten alles, um ihn zurückzuholen!

Vince sah Jessica vor seinen Augen.

Das war also das Letzte, was er sehen sollte, bevor er starb. Eine verheulte Jessica in einem wunderschönen rosafarbenen Kleid. Bildhübsch. Perfekt.

Sie lächelte ihm zu, und er wollte sie küssen. Nur noch ein letzter Kuss. Nur noch einmal die Wärme. Die Explosion aller Gefühle.

Stattdessen starb er in dieser Sekunde.

Sein Herz hörte auf zu schlagen.

Vince war tot.

Kapitel 28

Dieses Kapitel ist in Zusammenarbeit mit
Ema Louise entstanden.

Die Dunkelheit der kalten Nacht verschluckte ihre Schönheit. *Ohne Licht bin ich keine Barbie.* Mit den Fingerspitzen wischte sich Jessica die Tränen aus den Augen, während sie mitten auf der leeren Straße vom Krankenhaus wegging. Sie ahnte nicht, was gerade in diesem Augenblick mit Vince passiert war.

Aber unter grell leuchtenden Fame-Scheinwerfern bin ich stets ein naives siebzehnjähriges Püppchen, das Reichweite hat, weil es sich freizügig vor der Kamera gezeigt hat, nackt und beim Sex.

Sie schmunzelte. All das hätte im Dunkeln bleiben müssen. Ja, jeder hat Sex. Aber unter der Bettdecke und versteckt im Ehebett. Klar, ein Mädchen soll irgendwann schwanger werden, um die Eltern stolz zu machen, aber wie es dazu kommt, will niemand hören, geschweige denn sehen. *Mein Dad will nicht hören, wie ich meine Sexualität entdeckt habe. Aber Daddy, Männer holen sich auf mich einen runter. Männer werden mich ein Leben lang benutzen.*

Als es zu regnen anfing, sorgte Jessica sich nicht um ihre

Frisur oder ihr Make-up. Ihre Maske zerfloss, und was blieb, waren die kritischen Gedanken, die sie in diesem Moment übermannten. *Überfrauten.*

Und die Kritik ist ja berechtigt. Was will ich der Gesellschaft zeigen? Dass ich eine Hure bin, dass Frauen nicht mehr als ein Lustobjekt sind? Ich will Reichweite und Anerkennung, verkaufe Perfektion, Filter, Schönheit und Vollkommenheit. Ein unerreichbares Ideal, dem kein Teenager in der Realität entsprechen kann. Dem ich nicht im Geringsten gerecht werden kann. Bin ich stark? Ist mir alles egal? Mache ich einfach mein Ding?

Nein. Ich bin ein Scherbenhaufen. Ziehe mich selbst durch die Social-Media-Manege.

Und Frauen lieben mich dafür?

Wie ich für Schönheit stehe?

Wie ich für Freiheit stehe?

Ich bin ein Vorbild mit Strahlkraft für moderne Frauen?

Wow!

Lächerlich.

Macht euch nicht lächerlich mit euren Likes und anerkennenden Kommentaren. Ich weiß nämlich nicht, wofür ich kämpfe. Und wenn ich gerade kämpfe, habe ich dann gewonnen, wenn es genauso etabliert ist, Fuckgirl zu sagen und nicht nur Fuckboy? Ist das Freiheit? Gleichheit? Und ihr schreibt:

HÜBSCHE.
WOW, WIE SCHÖN, SÜSSE.
LIEBE DICH.
HEFTIGER BODY.

Ich habe jemanden geliebt, der vor der Kamera Sex mit mir hatte. Ich habe es zugelassen, habe gern mitgemacht. Und mein eigener Vater musste es mit ansehen. Oh, diese verachtenden Blicke, nachdem er sich die Sex-Tapes angeschaut hatte. Aber er will mich doch nur beschützen. Was habe ich ihm angetan?

Jessica wollte in dieser Sekunde nichts mehr, als stärker zu sein als das, was alle über sie dachten.

Ich bin keine Schlampe, weil ich mich freizügig zeige.

Ich bin keine Hure, weil es diese Videos von mir gibt.

Unsere Verbindung war immer mehr als nur Sex, es war tiefer als stumpfes Ficken. Wir liebten es, uns zu lieben. Und es gab keine Grenzen.

Wir waren die wesentlichen Bestandteile unserer Beziehung und drückten unsere Gefühle mit Sex aus. Emotionsgetrieben.

Es hat sich nie falsch angefühlt.

Aber sie selbst und die eine Person, der eine Junge, den sie wirklich geliebt hatte, hatten sich von Leichtsinnigkeit dominieren lassen. Und deswegen lag er jetzt im Koma.

Jessica schaute an sich herunter und fragte sich nicht zum ersten Mal ganz ernsthaft, ob sie das alles im Kern nicht doch nur für Vince getan hatte. Aus Angst, dass er sie verlassen hätte, wenn sie nein gesagt hätte.

Ich hätte nein sagen können, aber ich wollte nicht. Weil das unsere kleine Welt war, obwohl alle zuschauen konnten. Liebe ist paradox. Wir haben uns dabei verbunden gefühlt. Und das war alles, was zählte. Der Kick, gefilmt zu werden, dass fremde Menschen zusahen, wie wir uns liebten, der unstillbare Spaß daran, Grenzen auszutesten.

Ja! Ich habe das für mich selbst getan.

Mit dem Ergebnis, das ich jetzt für immer das Mädchen bin, das im Internet Sex für Geld hatte. Definiert durch PORNOS. Eine billige Nutte mit gerade einmal siebzehn Jahren.

Weshalb kämpfen wir überhaupt für Gleichheit, wenn schon im Sex angelegt ist, wer wir sind?

Einen Mann macht nichts geiler, als eine Frau zu benutzen.

Und eine Frau macht nichts feuchter, als benutzt zu werden?

Wer bin ich?

Was ist Liebe?

Frauen lieben Frauen. Männer lieben Männer.

Es ist nicht einfach männliche Dominanz.

Ich bin nicht die Lösung. Aber das, was Vince und ich hatten, war meine Lösung. Seine Lösung. Das Problem ist die Lösung.

Sie fühlte sich leer. Unvollkommen. Ungeliebt.

Wer ist Vince für mich?

In dieser Sekunde stellte sie fest, dass sie Vince noch immer liebte.

Liebe. Nur wenn ich mich selbst liebe, kann ich jemand anderen lieben. Aber ich hasse mich, seit er weg ist. Wir hassten uns selbst und liebten uns gegenseitig. Wir waren abhängig voneinander, süchtig nacheinander. Die beste, unschädlichste Droge der Welt. Der sinnlichste Rausch. Und doch von allen verboten. Aber ich lasse mir nichts verbieten.

Dann machte Jessica kehrt und rannte zurück zum Krankenhaus. Sie wusste nicht, dass sie alle Zeit der Welt hatte. Es spielte keine Rolle mehr, wie schnell sie war.

Denn die große Liebe ihres Lebens war bereits tot.

Kapitel 29

Nie wieder Pornos.

Nie wieder Sex.

Nie wieder Liebe.

Endlich war er kein triebgesteuerter Vollidiot mehr. Sein krankes Pornohirn hörte auf zu denken. Zu verlangen. Zu dominieren … aber nicht zu hinterfragen.

Schuld. Nicht nur er hatte seine Unschuld verloren. Auch Jessica war schuldig. Aber sie selbst hätten sich nie die Schuld gegeben. Er hätte sich nie entschuldigt. Schuld waren die Reaktionen der Leute. Jessica und er waren eine Provokation, passten nicht in diese Gesellschaft, in der all das nicht besprochen und erst recht nicht geteilt wurde. Wegschauen. Tabu. Nicht Teil dieser Welt.

Aber jeder Vierzehnjährige schaut Pornos, jeder Fünfzehnjährige versendet Nacktbilder, und jeder Dreizehnjährige denkt ständig nur an Sex.

Hilf mir! Was ist Sex? Was ist Liebe?

Vince konnte in diesem Augenblick auf seinen Körper hinabschauen, der dort leblos im Krankenhausbett zurückblieb. Er war völlig losgelöst von seinen körperlichen Bedürfnissen und konnte daher so reflektiert denken wie nie zuvor.

Vielleicht ist das Problem, woher die Wünsche kommen. Pornos hatten in ihm dieses heftige Verlangen verstärkt, zum Explodieren gebracht. Vielleicht ein falscher Gedanke. Wo kommen die Wünsche her? Was wünschst du dir? Pornos sind real. Die Wünsche sind real.. Das Verlangen ist real.

Moment mal. Wollen Frauen wirklich in den Arsch gefickt werden? Wollen Frauen einen Penis tief in den Mund geschoben bekommen?

Männer lecken lustvoll und entspannt, aber was müssen Frauen alles machen? Das ist nicht fair. Aber auch Männer lieben Kontrollverlust.

Alle lieben alles.

Alle lieben nichts.

Triebe.

Wessen Phantasie wird ausgelebt? Sind Frauen genauso dauergeil wie Männer? Vielleicht war Sex ja auch dazu da, die Wünsche des Partners zu erfüllen. Sich gegenseitig etwas zu schenken und dadurch Ekstase zu erreichen. Ein neues Level.

Besinn dich auf das Wesentliche, Vince. Sex dient dazu, sich fortzupflanzen, eine Frau zu schwängern.

Moment mal. Wer sagt das? Wer legt das fest?

Sex schafft Bindung. Durch Sex erschafft man nicht nur Leben, man hält eine Beziehung am Leben!

Aber sie ist nie gekommen.

Spielt das eine Rolle?

Es war ihr kleines, riesengroßes Geheimnis. Etwas, das nur sie gemeinsam kontrollierten. Etwas, mit dem sie Geld verdienten. Etwas, das er und Jessica geil fanden. Unantastbar. Warum sollte ihnen das leidtun? Warum sollten sie Schuldgefühle haben?

Weil Freizügigkeit intim ist? Weil Intimität nicht in die Öffentlichkeit gehört?

Mag sein. Aber das ist doch nicht der primäre Fehler?!

Männer denken mehr an Sex. Denken immer an Sex.

JETZT HÖR AUF DAMIT!

Das ist der Fehler. Das Kernproblem!

Hör endlich auf, in Rollenklischees zu denken!

Wer bestimmt was?

Gesellschaftlicher Druck führt zu Sex, den man nicht will.

Männer finden es geiler, einen Porno zu schauen, in dem eine Frau dominiert wird. Tausendfach mehr produziert. Jeder Typ spritzt sofort darauf ab.

Wer bestimmt das?

Wo sind die wissenschaftlichen Erkenntnisse zu diesen Themen?

Darüber spricht man nicht.

Und Frauen? Frauen lieben romantische, liebevolle Pornos, schauen keine Pornos.

NEIN! Hier ist der Fehler. So einfach ist es nicht.

Sie schaut Pornos und er nicht. Er schaut Pornos und sie nicht. Er mag Frauen. Sie mag Frauen. Er mag Männer.

So kommen wir nicht weiter.

Aber der DRUCK! Ständig dieser Druck.

Und dann Verzicht. Brauchen Menschen überhaupt Sex?

Sex ist eine natürliche Notwendigkeit. Jedes Wichsen ist Stressabbau. Jeder Orgasmus ein gutes Gefühl.

Sex ist viel trivialer, viel alltäglicher als Liebe.

Jetzt weiterdenken. Nicht aufhören!

Aber wenn man einfach nur so Sex hat, dann folgt danach immer Leere. Mit jedem Mal verdoppelt sich das Nichts.

Wir brauchen Sex. Am Ende sind wir auch nur Tiere, die einem Trieb folgen.

Aber wozu führt Sex, der nichts ist als Trieberfüllung?

Wenn das Gefühl zu kommen zwar körperlich schön ist, es dich aber psychisch fertigmacht.

Und noch ein Porno, noch einer, noch ein krasseres Video! Sucht.

Sexuelle Aufklärung. Sexuelle Phantasien.

Fixiere dich auf das Visuelle, Vince! SCHAU PORNOS!

Komm schon, öffne noch einen Tab, sieh dir eine Orgie an, sieh dir zwei Pornos gleichzeitig an, sieh dir alles gleichzeitig an. Skippe nach vorn. Cumshot. Cumshot. Cumshot. Schneller.

Und dann Verzicht. Verzweiflung. Leere. Es ist die einfachste Ansprache von Trieben, von Verlangen. Das Frauenbild, das in deinen Lieblingspornos gezeichnet wird … die Sachen, die gezeigt werden … die Wünsche, die erfüllt werden … die Sehnsüchte, die gestillt werden …

Und dann die alles entscheidende Frage: Gehören Sex und Liebe zusammen, oder sind sie völlig unterschiedlich und unabhängig voneinander?

Vince realisierte seine Hoffnung. Er sehnte sich danach, dass jeder Mensch Sex nur als Ausdruck von Liebe braucht.

Aber vielleicht ist das nur einer von vielen Gründen.

Die vollkommenste Art.

Das Ideal.

Wenn jemand aus Liebe Sex mit einer Person hat, dann folgt danach Zufriedenheit.

Sex und Liebe miteinander verbinden.

NEIN, WIR TRENNEN SEX UND LIEBE JEDEN TAG!

Ein dauerhaftes Spiel mit Unterwerfung. Mit Dominanz.

Ist das nicht schrecklich?

Was ist, wenn wir Sex erst dazu gemacht haben?

Was macht dich am geilsten, Vince?

WAS LIEBST DU AN JESSICA? WONACH VERLANGST DU?

Liebe ist nicht gleich Geilheit.

Sex ist nicht gleich Liebe.

Liebe ist mehr als das.

Liebe ist alles.

Und plötzlich diese Erkenntnis.

LIEBE IST ALLES.

Vince wünschte sich in dieser Sekunde nichts mehr als weiterzuleben.

Er schaute hinunter auf seinen Körper und wollte zurück, verstand, dass er seinen Körper brauchte, um Liebe auszudrücken.

Das Ziel ist es, Sex und Liebe zu verknüpfen.

Das Ziel ist es, die Leere zu überwinden.

Nie wieder Leere zu fühlen.

ICH WILL LEBEN. ICH WILL LIEBEN!

Und jetzt sah er von oben, wie Jessica in das Zimmer gerannt kam. Ein Pfleger versuchte, sie aufzuhalten. Vince' Mutter saß mit leerem Blick am Boden, während die Ärzte hilflos um den jungen Mann herumstanden.

Jessica schrie. Sie schrie so laut, wie sie nur konnte:

»ICH LIEBE DICH!«

Niemand konnte Vince hören.

Aber er antwortete von hier oben, schrie zurück:

»UND ICH LIEBE DICH!«

Du bist mein Junge.

Und du bist mein Mädchen.

Ich beschütze dich.

Und ich beschütze dich.

Wir brauchen uns, weil wir uns selbst nicht lieben können.

Wir brauchen uns, weil wir aus Sex mehr machen.

Wir brauchen uns, weil wir gemeinsam das Gefühl von Leere zerstören.

»ICH BRAUCHE DICH, JESSICA!«

Piep. Piep. Piep.

Und dann plötzlich passierte das Wunder. Vince' Herzschlag setzte wieder ein. Die Ärzte ließen es passieren.

Jessica eilte zu ihrem Freund und umarmte ihn.

Sekundenlange Stille.

Wärme.

Und dann öffnete Vince die Augen, schaute in ihre.

Er lebte.

Und er liebte.

Jessica gab ihm einen Kuss.

Es war der schönste Kuss seines Lebens.

Kapitel 30

Sechs Monate später

Sie standen an einem verlassenen, wunderschönen Sandstrand an der Westküste Australiens und hatten gerade eine Gruppe Kängurus in den Dünen ausgemacht. Es war das erste Mal während ihres Roadtrips, dass Jessica und Vince die für Australien typischen Tiere beobachten konnten. Vince filmte die eher kleinen, vor allem aber wahnsinnig niedlichen Kängurus mit seiner Vlog-Kamera, während Jessica mit ihrer Cam die Reaktionen und Emotionen von Vince und sich einfing.

Der gemeinsame YouTube-Vlog-Kanal von Vince und Jessica war komplett durch die Decke gegangen. Sie hatten innerhalb von drei Monaten vier Millionen Abonnenten generiert, über Instagram brauchte man gar nicht erst zu sprechen. Täglich kamen zwanzig- bis dreißigtausend Follower dazu. Die Leute shippten die beiden unfassbar und feierten es, dass sie tatsächlich wieder zusammengekommen waren.

Für Vince fühlte es sich surreal an, dass sie in diesem Moment am anderen Ende der Welt standen. Seine Verletzungen waren endlich einigermaßen verheilt, und er stand wieder voll im Leben. Mit den Werbeeinnahmen ihrer gemeinsamen Videos und der einen oder anderen Brand-Kooperation auf Instagram konnten sie sich diesen wunderschönen und angenehmen Lifestyle finanzieren. Es tat ihnen gut, weg von zu Hause zu sein. Keine verurteilenden Blicke. Keine dummen Fragen. Keine nervigen Geier, die sie heimlich verfolgten, filmten oder beleidigten.

Sie waren eine Provokation und gleichzeitig ein perfektes Beispiel für das, was alle wollten – echte Liebe.

In diesem Moment zog Jessica Vince zu sich und küsste ihn.

»Ich liebe dich.«

»Und ich liebe dich.«

Der Wind wehte ziemlich stark, und die Sonne hatte Mühe, sich zwischen den Wolken hindurchzukämpfen.

Dieser Moment war perfekt. Weil sie sich hatten.

Händchen haltend spazierten Jessica und Vince weiter durch den weichen, weißen Sand. Vereinzelt flogen Sandkörner durch die Luft, aufgewirbelt vom starken Wind. Die Kängurus waren mittlerweile wieder davongehüpft, während die nackten Füße der beiden Verliebten von den brechenden Wellen umspült wurden.

Sie entdeckten einen großen Felsen und sahen sich an, als wollten sie sich mit ihren Blicken ausziehen. Sie dachten sofort an dasselbe. Sie stellten ihre Kameras auf zwei Stative, die Vince aus seinem Rucksack holte.

Eine Autofahrt über die leeren Straßen. Hunderte Kilometer geradeaus. Ein einsamer Strand. Kängurus. Salzige Wellen. Sex. Das Kochen von Spaghetti mit Pesto in einer schäbigen Campingplatzküche. Was für ein Tag. Was für ein Leben.

Nachdem Vince in ihr gekommen war, senkte er den Kopf nach unten und begann, sie zu lecken, während sein Mittelfinger parallel dazu in sie eintauchte.

Es dauerte einige Minuten. Jessica kraulte die ganze Zeit seine Haare, die beiden hielten immer wieder inne, schauten sich vollständig ineinander versunken sekundenlang tief in die Augen. Und an diesem Nachmittag hier am Sandstrand kam schließlich auch Jessica. Sie hatte einen so heftigen Orgasmus, dass ihr Körper zuckte und zitterte.

Danach lagen sie sich einfach in den Armen und schlummerten vor sich hin.

Sie fühlten sich sicher, weil sie sich hatten.

Sie waren eine riesengroße Provokation.

Und sie liebten sich über alles.

Sex, Sex, Liebe.

ENDCARD

Liebe Leser*innen,

das hier ist das Ende des Buches. Ihr habt es also bis hierhin geschafft und dafür möchte ich EUCH an dieser Stelle herzlich danken!

Ich hoffe, dass euch die Geschichte unterhalten konnte, und ich würde mich sehr über euer Feedback dazu freuen. Gern als Kundenrezension bei Online-Shops oder auch als Nachricht auf einem meiner Social-Media-Profile. Ich freue mich ehrlich unfassbar darauf, von euch zu hören!

Zum Schluss möchte ich vor allem denjenigen DANKE sagen, die mir bei der Entstehung dieses Buches zur Seite gestanden haben. Ehrlich gesagt hat dieses Projekt einen langen Weg hinter sich. Die erste Fassung habe ich bereits im Jahr 2018 geschrieben, und einige Verlage waren von der Thematik ziemlich abgeschreckt, ohne genauer in das Buch hineinzulesen.

Aber jetzt ist es vollbracht.

Ich danke also vor allem Katharina vom Fischer Kinder- und Jugendbuch Verlag und Waltraud Grill sowie Franziska Jaekel, die dieses Buch lektoriert haben. Die Zusammenarbeit war echt großartig!

Ein Dank geht auch an Katie und Marina von Studio71, die sich sehr lange und nachhaltig für dieses Buchprojekt eingesetzt haben!

Ich möchte mich an dieser Stelle außerdem einfach mal bei meiner Mum bedanken. Danke dafür, dass du eine so starke und inspirierende Frau bist!

Ein weiteres riesengroßes Dankeschön geht an meinen Bruder Tobias, der eine der ersten Fassungen gelesen hat. Du hast mir schon so oft weitergeholfen. Es ist wirklich unfassbar, wie sehr ich mich auf dich verlassen kann und wie sehr ich jedes Gespräch mit dir genieße!

Außerdem möchte ich mich bei Jonas Ems bedanken. So viele Sprachnachrichten, die wir in unserem Leben schon über Projekte ausgetauscht haben, so viele Themen, die wir schon besprochen haben. Das ist kreativ und menschlich mega bereichernd, und ich schätze diesen Austausch sehr! Auf alles, was da noch kommt!

Bei Ema Louise möchte ich mich ebenfalls bedanken, die eine der ersten Leserinnen des Buches war, und mir bei der Erstellung des 28. Kapitels geholfen hat. An unsere Weinabende auf meinem Balkon diesen Sommer werde ich noch oft zurückdenken. Du bist ein wundervoller Mensch, und ich bin sehr froh, dich kennengelernt zu haben!

Und zuletzt noch ein kleiner Gedanke: Anfänglich habe ich dieses Thema vor allem für meinen ersten Roman gewählt, weil es sich schwer in einem Filmprojekt behandeln lässt, für die ich ja sonst Drehbücher schreibe. Mittlerweile würde ich eine Verfilmung dieser Geschichte allerdings spannend und herausfordernd finden. Vielleicht ja irgendwann mal …

Und vielleicht gibt es irgendwann auch eine Fortsetzung.

Bis dahin wünsche ich euch viel Spaß mit der Liebe!

Haha, hab euch lieb! :)
Jonas Wuttke